現象学の再生

――「生」と、「普遍性」の立場――

金子淳人

凡例

1. フッサール(Husserl,Edmund)の著作からの引用・参照については、『フッサール著作集（フッセリアーナ）』(Husserliana, Edmund Husserl Gesammelte Werke, Martinus Nijhoff,Den Haag/Kluwer, Dordrecht）からの引用・参照の場合も含めて、著作名に略号を当てた。その際、略号については、著作集のものについても巻の番号とすることは極力避け、基本的に、著作名が推測できるように題名をもとにした略号とした。巻末の「参考文献表」内の「1」にフッサールの著作の一覧を掲載した。ただし、本書においては、特に、次の3書の中の第3のものを使用した。
Husserliana Band. XIII, XIV, XVであるZur Phänomenologie der Intersubjektivität I. II. III. 第3のものの略号は、PI IIIである。引用の場合、引用直後に略号を記し、続けて引用ページを記した。
なお、原著に、邦訳があるものについては併記した。

2. フッサール以外の人物の著作で、特に参照した著作については、巻末の「参考文献表」内の「2」に人物（アルファベット順）ごとに一覧を掲載した。
なお、原著に、邦訳があるものについては併記した。

3. フッサール以外の人物の著作で、前述の2. の著作に準じて参照した著作については、巻末の「参考文献表」内の「3」に人物（アルファベット順）ごとに一覧を掲載した。また、一部の著作については、題名に基づく略号も表示した。
なお、原著に、邦訳があるものについては併記した。

4. 括弧については、基本的に次のように使用した。
通常の引用文については「　」を使用した。さらに、単語等について、概念として強調する場合にも、「　」を付した。特に強調する場合には、〈　〉を付した。なお、やや多くの語句に基づく長めの表現が一つのまとまった在り方を持ち、前後の文脈から、そのまとまりが分かりにくい場合に、〈　〉を付したものがある。また、概念として含みがはたらくことを強調する場合には、〝　〟を付した。特に含みがはたらくことを強調する場合には、〝　〟を付した。

5. 本書の全体の議論の展開から、特に強調した方が、議論をより分かり易くすると思える用語、表現については、太字にして強調した。

目次

はじめに

フッサールとフロイト、そして、アーレント、ハーバーマス、フーコー、アガンベンをめぐって

――「生」を踏まえること、そして、「普遍性」の立場へと向かうこと――

フッサールの、よく知られている主張は、初期を経た中期の1910年代において多く行なわれているが、その一つは、「現象学的還元」に基づく「本質直観」によって「本質」(＝**「意味」**)をとらえる、ということである。フッサールは、そうした主張において、「意味」を「主観性」(「超越論的主観性」)と「相関」する、ということを前提とすることとして、述べていた。フッサールは、その後、「意味」と「相関」する「超越論的主観性」が、「相互主観性(間主観性)」(さらに言えば、「相互主体性(間主体性)」)であることを明らかにする。そして、後期においては、「超越論的主観性」とされていたことが、「生活世界」であるとする、ということに行き着く。そして、さらに、「生活世界」ということが、**「言語」**の**「主**

体」、「性欲動」としての「欲動」の「主体」であるとすることに行き着く。そうしたフッサールの全体像、その展開を踏まえた上での展望を持たず、初期、中期のフッサールにおける一部の主張を〝普遍化〟するようなとらえ方をしているようでは（敢えて言えば、一部が、あたかも、すべてであるかのように思う〝パラノ〟の発想では）、「現象学」は、生きた「現代思想」ではあり得ず、再生させようもない。フッサールは、どのように、１９３８年までの生涯において、自らの思想を歩んだのか？　そのことを、とらえ返し、踏まえることが求められる。「現象学」の再生が求められる。

（一）フッサールとフロイト

フッサールとフロイト、という二人の人物の併記は、意外に思えるかもしれない。フッサールは、「現象学」をつくり出し、まさに担ったが、実は、彼には、１９３０年という最後期において、「精神分析」を一定の在り方で踏まえた論稿がある。後期のフッサールの支柱の一つである「発生的現象学」において、フッサールには、一定の在り方にせよ、フロイトからの示唆がはたらく。しかし、そうではあるとは言え、フッサールは、フロイトの立場それ自体の展開とは、一線を画した立場へと向かっている。しかし、少なくとも、次のような問いを立てることができる。

(1)最後期のフッサールは、フロイトの立場から、どのような示唆を受けたのか

(2)最後期のフッサールは、フロイトの立場からの一定の示唆もはたらく中で、どのように、フッサール自身の立場を展開させたのか?

そして、こうした問いを立てるにあたっては、さらに前提となる問いとして、次のような問いを立てることができる。

「自然」ということについて、フッサールは、どのようなことを述べたのか?

この問いに対しては、フッサールの立場の中の、さしあたり、その中期における「現象学」の立場に基づくならば、次のようなことを述べることができる。

「人間」は、その「生きる」ということが、「自然的」であることによって、様々な「思い込み」に基づく「世界」の中で「生きている」。そのように、「人間」は、「自然的」在り方において「生きている」。「人間」についての問いとして、そうした「思い込み」を「取り除いた」在り方を、明らかに

する必要がある。すなわち、そのように「取り除くということ」（＝**「還元」**）を行なうことによって、「取り除いた」在り方（＝**「超越論的」在り方**）を、明らかにする必要がある。

そして、こうした立場に基づくならば、**「超越論的」でないことは、すべて「自然的」である。**

「超越論的」であることにおいて、とりわけ問われることは、**「意味」**ということである。そうであるが故に、問いの方向は、実は、端的に、**「日常性」**ということについて問う、ということへと向かう。さらに言えば、**「生活世界」**について問う、ということへと向かう。

すなわち、単に「自然的」であるのではなく「超越論的」であることを明らかにし踏まえるということ（**「超越論的」立場**）がはたらく、ということは、そのようにして、「日常性」（＝**「生活世界」**）ということとしての、「自然的な」ことを、敢えて、問うことへと向かう。

こうして、「超越論的」立場がはたらきながら、敢えて、問われることになる「自然」ということが、どのようなことなのか、が問われる。

こうした、「超越論的」立場をはたらかせながら、敢えて「自然」ということを問う立場は、まさに、後期フッサールの立場である。

そして、こうした、「超越論的」立場がはたらきながら、敢えて、問われる「自然」についての問いにおいて、さらに、最後期のフッサールは、その決定的な一面として、**「言語」についての問い**を行なっている。そして、さらに、**「規範」についての問い**を行なっていると言える。そして、一見、唐突であるが、実は、唐突ではあり得ない在り方で、さらには、実は、**「性」をめぐることについての問い**をも行なっている。

こうしたことにおいて、この場合、次のことを述べることができる。

「超越論的」立場がはたらきながら問われる「自然」との対応において〝非自然〟のこととしての、一定の〝極限的なこと〟は、**「言語」（さらには、「規範」）をめぐること**である。そして、「超越論的」立場がはたらきながら問われる、まさに「自然」におけることにおいての、一定の〝極限的なこと〟は、「性」をめぐることである。

そして、フッサールには、実は、「人間」を主題化することにおいて、一方において、「自然的に」そうした〝極限的なこと〟を扱わなければ、「人間」について扱ったことにはならない、という立場が、はたらく。

そして、フッサールは、そうした「自然」におけることにおいての、一定の〝極限的なこと〟のはたらきが、実は、まさに〝極限的〟であることによって、**〝非自然〟のことにおいての、一定の〝極限〟としての〈「普遍性」を持つもの〈「普遍的な」もの〉**をはたらかせる、ということに至る、ということに行き着く。

そして、さらに、最終的に、フッサールが言わんとすることとして、次のようなことを述べることができる。

それぞれの「個人」は、一方において、まさに、非自然的な、〈「普遍性」を持つもの（「普遍的な」もの）〉に基づく、という在り方によってこそ、むしろ、他方において、それぞれに、まさに具体的な（さらに言えば、まさに「事実的」在り方での）「個人」として、生きることができる。

そして、このことを、さらに、次のように言い換えることができる。

「普遍性」は、一定の「共同性」（さらに言えば、一定の「社会性」）にこそ基づくが、そうした在り方を持った、一定の〈「普遍性」を持つもの（「普遍的な」もの）〉に、一方において、まさに、基づく、ということによってこそ、他方において、それぞれの「個人」は、むしろ、それぞれに、まさに、具体的な（さらに言えば、まさに「事実的」在り方での）「個人」として、生きることができる。

こうした主張において、フッサールは、一定の在り方にせよ、フロイトから、一定の示唆を受けている。しかし、その立場は、そのように、フロイトからの示唆を受けたとは言え、「精神分析」へと向かう、という訳ではなかった。フッサールは、**「普遍性」の立場**へと向かった。そのことは、**「規**

範」の立場、へと向かう、ということでもあった。そのように言わざるを得ないことについては、詳しくは本篇において述べるが、そうした主張は、後の時代において、「討議理論」[1]に基づいて「規範」の立場に立つに至ったハーバーマスの立場に、その発想においては、一定の在り方で、重なる面を持つ。[2]

しかし、さらに、フッサールは、やはり詳しくは本篇において述べるが、「普遍性」の立場それ自体の基盤の一つが、**「性欲動」としての「欲動」**である、ということを述べている。そこまでの言い方で、端的に、言わば**「欲望」**についての主張をも行なっている、ということにおいて、フッサールの立場は、ハーバーマスの立場に重なるということには、とどまらない。そして、それどころか、「精神分析」から一定の示唆を受けているとは言っても、「精神分析」における「欲望」の主題化をさえ、越えて、後の時代の、いわゆる「ポスト構造」の立場[3]における「欲望」の主題化にさえ、一面においてであるとは言え、重なる面を持つ。

これらのことについては、もちろん踏み込んで多くのことを述べる必要があるが、まず、あらかじめ、こうしたことを、問題提起としておきたい。

(二) アーレント、フーコー、アガンベンをめぐって
――「日常性」への問いの系譜――

次のようなことも述べておきたい。

「日常性」が**「言語行為」**を主要なテーマとして問われる、ということが、とりわけ起きたのは、第二次世界大戦後においてであるが、そうしたことの立場は、1950年代において、アーレントも明らかにしていた。アーレントのそうした立場には、アーレントが学んだハイデガーが、既に1920年代に行なっていた「共存在(Mitsein)」としての「現存在(Dasein)」ということをめぐる「言語行為」についての主張の影響がはたらいている。そして、ハイデガーの「言語行為」をめぐる主張には、もともと〝師〟であったフッサールの「相互主観性(相互主体性)」[4]をめぐる主張との、どのようにせよ、双方向的なかかわりがはたらいている。そうしたことからは、フッサールの、1920年代を〝先駆〟としながら、「生活世界」の主題化に踏み込み、やがて、「言語行為」を主題化するに至る、という、「日常性」の主題化の展開と、やがて、第二次世界大戦後の1950年代において、アーレントが、「日常性」を主題化する、ということには、一定の在り方で、結び付いた系譜がはたらいている。

やがて、「現代思想」の展開において、一つの潮流として、1960年

代以降において、フーコーが、「日常性」をめぐって、**「日常性」においてはたらく「権力」、ということの問題についての問いとして、「生 - 政治」**をめぐる問いを提起し、主題化する。フーコーは、そのことを、まさに「現代」が直面している問題として問いつつ、既に「近代」に、その起源を持つ、ということを〝検証〟を行ないつつ、問うた。そして、フーコーの1980年代に至る、そうした問いの展開という背景がはたらく中で、さらに、1990年代において、アガンベンは、そうした「生 - 政治」をめぐる問題を、やはり「現代」が直面した問題として問うが、その起源を、「近代」にとどまらず、さらにさかのぼって、「古代ローマ」にさえ起源を持つこととして（その議論は、踏み込んだ詳論が必要であるとは言え）問うた。[5]

フッサールが、とりわけ1920年代以降において担った**「日常性」についての主題化**をめぐって、その後においての、その展開の一つについて、こうしたことを述べることができる。

そして、こうしたこととの関連で次のようなことも、述べておきたい。

フッサールが、「日常性」についての主題化の展開の一つを担った、とりわけ1920年代以降、という時代は、フッサールの出身である言語（ドイツ語）圏の国であるオーストリアの、隣国であり、フッサールが大学において教えた、まさに活動の場としてのドイツにおいては、１９１９年以降、第一次世界大戦の敗戦を受け「ワイマール憲法」に基づく「ワイマール体制」が展開していた。「ワイマール憲法」は、世界で初めて「生存権」としての「社会権」に踏み込み、踏まえ、そのようにして、まさに**「日常性」に踏み込んだ上でそれを踏まえた「憲法」**であった。そのことには、「近代」を越えた在り方での、まさに「現代」におけることとしての、「日常性」の主題化が、はたらいているとも言える。**１９２０年代における「日常性」の主題化**ということをめぐっては、こうしたことも述べる必要がある。

「ワイマール憲法」が「日常性」に踏み込みそれを踏まえた「憲法」であることについては、１９２０年代の当時において、カール・シュミットが明らかにしていた。カール・シュミットには、結果的に、ナチスにかかわった時期もあった。しかし、結局は、ナチスと一線を画し、ナチス台頭についての問題を提起した、という在り方を持つ思想家であった。そうしたことからは、言わば「現代」の問題を提起したとも言えるが故に、そのことについて、「現代」においてとらえ返しが求められていることは周知の通りである。

「ワイマール体制」の教訓は、まさに「現代」にとっての教訓である、と言える。そして、「日常性」を主題化せざるを得ない、ということの中で、まさに、「日常性」の主題化の在り方が、問われる、と言える。

「現代」において、「日常性」が「生‐政治」の場でもある、ということにおいて、まさに、「日常性」の主題化の在り方が、問われる。しかし、問われるべき主題は、「生‐政治」を〝含めて〟の「政治」には限定されない。

フッサールの場合、「日常性」についての問いは、その展開において、一方で、**「言語」**、さらに言えば**「言語行為」**、についての問いへと向かった。そして、そうしたことに基づいて、あらためて、「普遍性」の立場へと向かった。そして、もう一方において、フロイトの主張からの示唆も受け、**「性」**についての問いへと向かった。そのことは、実は、やはり、**「普遍性」の立場**を展開させる面を伴なっていたが、**「欲動」**、さらに言えば、踏み込んだ在り方での**「欲望」**の主題化、ということでもあった。

フッサールにおいて、「性」について問うことは、踏み込んだ在り方での、「主体」についてのその〝深層〟をも踏まえた在り方での、まさに「主体」の立場に立つ、ということでもあったが、実は、「主体」の「相互性（共同性）」を主題化し、そのことに、まさに基づく、ということでもあった。

「性」についての問いが、やはり「普遍性」の立場を展開させる面を伴なった、ということは、本篇において詳述するように、「性」についての問いの展開において、**「普遍性」の立場が、「主体」における、「統合性」として、はたらく**、ということに行き着いている。しかし、そのことには、「主体」の中に、どのようにせよ、一定の「権力」がはたらく、ということとして、「生・政治」を持ち込む面をも持ってしまっているとも言える。しかし、フッサールが、一方で主題化していた**「言語行為」の立場**がはたらくならば、〈「普遍性」を持つもの（「普遍的な」もの）〉として、**「規範」**には、「相互性（共同性）」においての「同意（合意）」がはたらくことが求められる、という立場がはたらく。そして、「主体」の中の一定の「権力」は、そうしたことが、まさに、はたらく場合は、〝許容し得る〟在り方を持つ、という主張も、端的には、行ない得る。

　本書においては、まず、最後期のフッサールの、あらためて行き着いた「普遍性」の立場が、一方においてやはり「言語」（さらに言えば、「規範」）についての主題化に行き着いた、ということについて述べる。そして、繰り返し述べたように、さらに「性」についての主題化が、「欲動」、さらには「欲望」の主題化の立場、そして、さらに、やはり、「相互性（共同性）」の主題化の立場としての在り方を持ち、そのことは、さらに、そのことに基づく「普遍性」の立場へと至る、ということについて述べる。ただし、それらのことを、「生・政治」とのかかわりにおいて、どのようにとらえるのか？　という問いも求められる。しかし、そうしたことの一方において、フッサールのそうした主張は、一定の在り方で現在の「現代思想」と〝肩を並べる〟とも言える。そして、その主張の、さらなる展望が求められる。そうしたことにおいて、その展望は、「現象学」の再生への展望でもある。

註

1 この場合の「討議理論」ということは、通称は、よく知られているように「討議倫理」である。ハーバーマス自身が、「討議倫理」という言い方が誤解を生む、ということを指摘しているが、通称がそのようになってしまっているので、「討議理論」という意味を込めながら、やはり、「討議倫理」という用語を使うこととすると述べている。しかし、ハーバーマスは、「討議」に基づいて「普遍性」を持った「規範」をつくり出しそれに従う「道徳」についての「理論」こそが、主張されるべきことである、と述べている。そのことを踏まえ、ここでは、端的に「討議理論」という言い方をした。

2 ハーバーマスは、「討議」に基づく「規範」の立場に行き着くにあたって、とりわけ1970年代以降において、「コミュニケーション行為」として「言語行為」を、全面的に主題化したが、フッサールは、既に1930年代という、彼の最後期において、「言語行為」の主題化に踏み込んでいた、ということについては、拙著『現象学の展開』において述べさせて頂いた。

3 念頭に置かざるを得ない思想家は、バタイユ、そして、とりわけ、ドゥルーズとガタリである。

4 Intersubjektivität の定訳は、「間主観性」とされて来たが、本書においては、端的な分かり易さから、「相互主観性」、さらに「相互主観性（相互主体性）」、さらには端的に、とりわけ「相互主体性」と訳した。

5 Aganben,Giorgio,Homo Sacer : il potere sovrano e la nuda vita,Giulio Einaudi Editore S.p.A .Torino .1995. 邦訳『ホモ サケル 主権権力と剥き出しの生』、高桑和巳訳、以文社、2003年。

序言　「自然的」であることへの問い

後期のフッサールが主題化した、一定の問いとして、次のような問いを、述べておきたい。「人間」は、どのように「自然的」なのか？　「人間」が「自然的」であるとは、どういうことか？「人間」が「自然的」であることは、どのように、〝非自然的〟であることへと転じることによって、決定的な在り方で、直接的・「顕在的に」「共同性」をつくり出し、はたらかせるのか？　そして、そうしたことにおいて、どのように、それぞれの「主体」に、「普遍性」の立場がはたらくのか？

そして、あらためて、次のような問いを提起しておきたい。

後期フッサールが支柱の一つとした**「発生的現象学」**は、その**基盤**において、そして、その展開の**〝帰結〟**において、どのように、フロイトからの影響を受けたのか？　そして、後期フッサールは、「精神分析」へ向かわない、という在り方で、どのような主張へと向かったのか？

こうしたことについて、フッサールの、とりわけ、二つの論稿を中心に、最大限に正面から検討していきたい。

第一章　フッサール「現象学」は、どのように、その後期に向かったのか？

序　フッサール「現象学」の歩み

とりわけ、次のことを問うておきたい。

後期フッサールは、どのように、「子供（幼児）」について「発生的に」問うことにおいて、「言語」の習得のはたらきについて踏まえ、「主体」においての、「意味」のはたらき、の主題化に基づき、さらに、**〈「普遍性」を持つもの（「普遍的な」もの）〉**のはたらきの主題化へと向かったのか？　そして、後期フッサールは、どのように、「主体」においての、**「欲動」**ということのはたらきに基づく、という在り方においての、「意味」のはたらき、の主題化へと向かうことに基づき、さらに、**〈「普遍性」を持つもの（「普遍的な」もの）〉**のはたらきの主題化へと向かったのか？

こうした問いへと向けて、まず、次のことを確認しておきたい。

フッサールの立場は、どのように、「意味」の立場の展開であったのか?

第一節　「発生的現象学」への問い

フッサールが「現象学」という言い方で展開させた立場の帰結の、一方の支柱については、既に述べたように、フッサール自身が、**「発生的現象学」**という言い方をしている。

そして、「発生的現象学」という言い方で、フッサールが行なった主張の基盤、そしてその〝帰結〟についての主張は、とりわけ**1932年**以降の、いくつかの論稿において、明らかにされている。本書は、そうした論稿の中から、既に述べたように、特に二つの論稿を取り上げ、踏み込んで述べることにしたい。そして、そのことを、「現象学」と呼ばれる立場の、さらなる展開の、一定の前提となることとして、提起することとしたい。さらに言えば、そのことを、「現象学」の、あらたなる展開、としての、「現象学」の再生、の一定の前提となることとして、提起することとしたい。

かつて、メルロ・ポンティは、フッサールの「現象学」の展開の方向性として、一つには、**「言語の現象学」への展開**を提起し、もう一つには、**「精神分析」と一面では重なる立場への展開**を提起した。[1] しかし、いずれについても、踏み込むことはないまま、１９６１年、急逝した。

本書において問う、一定の支柱となることは、一つには、**「現象学」の、「言語」の立場・「規範」の立場への展開**は、どのようであったのか、ということであり、もう一つには、**「現象学」の、「精神分析」と、一定の部分においては重なる立場への展開**は、どのようであったのか、ということである。

ここで、次のことを述べておきたい。

フッサールが「発生的現象学」（原語では、gentische Phänomenologie）という言い方をすることにおいて**「発生」（原語では、Genesis）とは何か？**

端的な言い方をするならば、「意味」ということの、最も基盤となることの「発生」ということである。端的な言い方でさらに言えば、とりわけ、**「自我」の「発生」**ということを中心とした、**「主体」の「発生」**ということである。

第二節　フッサール「現象学」の歩み

フッサール「現象学」の歩みについて、とりわけ基本的なこととして、以下のことを確認しておきたい。

フッサール「現象学」の始まりとは、どのようなことであったのか？

フッサールは、「現象学」を、１９００、１９０１年の『論理学研究』において、「自然科学」には還元できないこととしての、次のことを、明らかにすることとして、始めた。

人間が「日常性」において「意味」の「世界」に生きること。

すなわち、端的に言えば、フッサールは、「現象学」を、「意味」をめぐる、人間にとって最も基盤となることを、明らかにする立場として始めた。

「意味」とは何か？

分かりやすい例として、次のようなことを述べることができる。

(1)それぞれの人が、「日常性」において、一定の対象を、一定の何かとして、とらえる、ということにおいての、対象についての、「名称」に伴なわれた「定義」。
(2)それぞれの人が、対象について、よい・わるい、等々の「価値」についての「判断」を行なう場合の、そうした「価値」。
(3)「価値」の中でも、とりわけ決定的な在り方ではたらく「価値」、たとえば、「尊厳」という「価値」。「有用性」という「価値」等々。
(4)「生きる」ということにおいて、一定の「目的」がはたらく、ということにおいての「目的」。

そして、「意味」の在り方について、次のことを述べることができる。
①「意味」は、人々によって「同意（合意）」に基づいてつくり出される。
②「意味」は、広義においての「実在」に根ざしている。

そして、「意味」は、そうした在り方を持つことによって、**「客観性」**を持ち、そうしたことにおいて、**「普遍性」**を持つ。

そして、「意味」の在り方について、さらに、次のことを述べることができる。

「意味」は、必ず、どのようにせよ（どのように展開的にせよ）「主体（主観）」との「関係」に基づく。

さらに言えば、「意味」は、必ず、どのようにせよ（どのように展開的にせよ）それとの「関係」に基づく、という在り方で、「主体（主観）」が「相関」するが、そうした在り方での「主体（主観）」について、さしあたり、

「超越論的主体（主観）」という言い方ができる。

ここで、フッサールの「意味」をめぐる立場の変遷について、確認しておきたい。フッサールは、それぞれの時期において、端的に、次のように述べている。

(1) 最初期

「意味」は、それ自体として、「客観性」（においての「普遍性」）を持つ。「意味」は、そのようにして、言わば「イデア」としての在り方を持つ。しかし、さらに、「意識」との「相関」ということを述べる必要がある。

(2) 初期～中期（その1）

「意味」は、「客観性」に基づく「普遍性」を持つということにおいて、「主体（主観）」との「相関」に基づく。そうしたこととして、「意味」は、「超越論的」「主体（主観）」との「相関」に基づく。そして、そうしたことにおいて、「意味」は、一定の「実在」（「質料」）を伴なう。

(3) 中期（その2）

「意味」は、「相互性（共同性）」としての「主体（主観）」（以下、「主体」と表記する）、すなわち「相互主体（相互主観）」（共同主体（共同主観））」（以下、「相互主体（共同主体）」と表記する）に基づき、そして、そうしたことにおいて、一定の「実在」（「質料」）を伴なう。

(4) 後期（その1）

「意味」は、「生活世界」に基づく。

⑸後期（その２）：最後期

1.「意味」の、基盤である「生活世界」において、それを担う「相互主体（共同主体）」が、一方において基づくことは、**「言語」**である。そうしたことにおいて、「意味」は、「生活世界」において、**「言語」が「行為」としての在り方を持つ**ことに基づいて、「相互主体（共同主体）」によって、一定の〈「普遍的な」もの〉として、つくり出され、はたらく。そして、そのことに基づく**「普遍性」の立場**をはたらかせる。

2.「相互主体（共同主体）」をつくり出す、それぞれの「主体」は「自我」に基づくが、そのことにおいて、「主体」の「極」である「自我」は、どのように形成されるのか、が問われる。そして、さらに「主体」は、どのように形成されるのか、が問われる。そして、そのことが、**「欲動」**、そして**「言語」**についての主題化によって問われる。

そして、そうした「発生」についての問いにおいて、次のことを述べる必要がある。それぞれの「主体」には、「性」をめぐる在り方を持った「欲動」、すなわち**「性欲動」**がはたらく。「性欲動」（＝「欲動」）は、「性」をめぐる在り方を持つことによって、「相互主体性」に「根源的に」内在し、どのようにせよ「相互主体性」をはたらかせる。そして、「性欲動」（＝「欲動」）は、そのことの様々な次元においての「結び付き」に基づく**「欲動体系」**をつくり出す。そして、そのことに基づいて、**「欲動共同性」**が「潜在性」においてはたらく、ということを基盤とすることによって、どのようにせよ「顕在性」においての「社会的」「共同性」がつくり出され、はたらく。そうしたことに基づいて、「意味」は、一定の〈「普遍性」を持つもの（「普遍的な」もの）〉としてつくり出され、はたらく。そして、そのことに基づく**「普遍性」の立場**をはたらかせる。

そして、「意味」は、「生活世界」において、「相互主体（共同主体）」によって、やはり、「言語」が「行為」としての在り方を持つことに基づいて、一定の〈「普遍性」を持つもの（「普遍的な」もの）〉として、つくり出され、はたらく。そして、そのことに基づく「普遍性」の立場をはたらかせる。

そして、**(5)の1．2．**のことこそは、フッサールが、「発生的現象学」として〝最終的に〟明らかにしたことである。

第三節　「欲動」、そして「言語」

あらためて、次のことを述べておきたい。

フッサールは、一方において、「欲動」（＝「性欲動」）について、「主体」に「根源的に」はたらくこととして、主題化している。この「欲動」の主題化ということにおいて、どのようにせよ、明らかに、フロイトの主張から示唆を受けている。

そして、フッサールは、フロイトが主題化していた〈「子供（幼児）」－「母親」・「父親」〉という〝エディプス三角形〟についても、一定の踏み込み方にとどまるとは言え、それを踏まえた主張も、行なっている。そして、本論において述べるような、一定の在り方で、フロイトの主張と重なる主張も行なっている。しかし、フッサールは、フロイトの主張、すなわち、「精神分析」とは一線を画す。フッサールにおいての帰結は、次のことである。

それぞれの「個人」には、「欲動」（＝「性欲動」）がはたらくことにおいて、既に、究極的な在り方で、「相互主体性」を「内在させている」。そして、「欲動共同性」がはたらく。そして、「欲動共同性」がはたらくことにおいては、さらに、「欲動」（＝「性欲動」）の、様々な次元においての「結び付き」に基づく「欲動体系」がはたらいている。そうしたことによって、「欲動」（＝「性欲動」）は、「意味」の、「客観性」、そして **「普遍性」**、の基盤としての在り方を持つ。そのようにして、「欲動」は、究極的に「自然的」であることによって、むしろ、究極的に〝非自然的な〟こととしての、「客観性」の立場、さらに言えば **「普遍性」の立場** の根拠としての在り方を持つ。そして、〈「普遍性」を持ったもの（「普遍的な」もの）〉をつくり出し、それがはたらく、ということとして、「普遍性」の立場がはたらく。そして、「欲動」（＝「性欲動」）の主題化に基づき、「普遍性」の立場を、主張することができる。

そして、あらためて、さらに、次のように述べておきたい。

「相互主体（共同主体）」が、一方において基づくことは、「欲動」（＝「性欲動」）である。そして、「相互主体（共同主体）」が、さらに一方において、まさに基づくことは、「言語」である。そうしたことによって、「意味」は、「生活世界」において、一定の〈「普遍性」を持つもの（「普遍的な」もの）〉として、つくり出され、はたらく。そして、そのことに基づく **「普遍性」の立場** がはたらく。

そして、**「普遍性」の立場がはたらく、ということを、「主体」（＝「モナド」）は自らの「目的」とする、ということ** として、「主体」（＝「モナド」）には、**「普遍性の目的論（普遍的目的論）」** がはたらく。

第四節　「主体」（＝「モナド」）について

ここで、本論に向けて、さらに、次のことを述べておきたい。

フッサールは、中期以降、繰り返し、「主体」についての言い換えとして、その用語を使って来た、ライプニッツが述べた**「モナド（Monade）」**[2]という用語を、最後期においては、はっきりと**「主体」には「欲動」（＝「性欲動」）がはたらいている、**というとらえ方において、はっきりと使っている。

フッサールは、もともと、「モナド」という用語を使うにあたっては、ライプニッツの主張を踏まえて、「主体」が、一定の「有機体」[3]としての在り方を持つ、ということを含みとしていた。そして、ここで述べたように、フッサールは、最後期においては、「モナド」という用語に、「欲動」（＝「性欲動」）がはたらく、という内実をも、はっきりと含みとしている。そして、さらには、「普遍性」の立場が、「統合性」をはたらかせる、という内実をも、含みとしている。

ここで、ライプニッツの「モナド」をめぐる主張について確認しておきたい。そのことによって、フッサールが、最後期に至るまで、なぜ「モナド」という用語にこだわったのかを明らかにしておきたい。そして、そのことからは、実は、フッサールが、フロイトの主張から、どのようにせよ、一定の示唆を受けた、ということの背景の一つともなったことを、とらえ返すことができる。

ライプニッツは、１６８５年〜１６８６年の『形而上学叙説』においては「個体的実体」などといった言い方をしていた「不可分割なもの」としての「単純実体」について、１６９５年以降、「モナド」という言い方で、述べ、１７１４年の『モナドロジー』において、「モナド」論を主張した。（「モナド」は、ギリシア語の「１なるもの」を意味する「モナス」を語源としているが、マイスター・ヴァレンティン・ヴァイゲル（Vaigel,Meister Balentin,1533～1588）、ヤン・バプティスタ・ファン・ヘルモント（Helmont,Jan Baptista van,1579～1644）といった人物たちの主張からの示唆に基づいて、用語として着想したと言われる。）[4]

ライプニッツは、次のことを主張する。

「モナド」とは、自らのうちに、一定の「多様なもの」を「表出しながら」、「統合性」をはたらかせる、という在り方を持った「知覚することによって表象を行なう実体」である。それは、一見して、「窓」がなく、閉じられている、かのようであるが、実は、「どのモナドも、様々な関係を持っていて、そこには、実体と呼べる他のすべての実体が表出されている。」（「56」）[5] そうであるが故に、「モナドは、宇宙を映し出している。」（「56」）[6] すなわち、「モナド」は、その全面において、どのようにせよ、「外部」からの受容をはたらかせる、という在り方を持ち、まさに全面が「窓」としての在り方を持つ。

そして、「モナドは、どのモナドも、他のモナドと、必ず異なっている。」（「9」）[7]「モナド」は、端的な言い方をするならば、「肉体において、すべての宇宙が表出されている、という言い方さえできる」（「62」）[8] が、「それぞれのモナドは、ただ一つしかない宇宙を、それぞれの見方（パースペクティブ）で見ている。」そうしたことからは、「モナドの数だけ、それぞれに異なった宇宙が存在している」（「57」）[9] という言い方ができる。しかし、「自分にある（宇宙についての）襞《ひだ》、と言うべきことを、一挙に開くことはできない。なぜならば、襞は、際限がないからである。」（「61」）[10]

「モナド」の内部にはたらく「統合性」は、「知覚に基づく表象」と、そして**「欲望」**に基づいている。「欲望とは、一つの表象から他の表象への変化や移行をひき起こす内的原理としてのはたらきの在り方を持つ。」（「15」）[11]

そして、そうしたことにおいて、「知覚に基づく表象」は、「記憶」としての在り方ではたらくが、そのことには、実は、**「意識化されるもの」**と**「意識化されないもの」**がはたらく。「（かつて）デカルトは意識化されないものは無である、という言い方をしていたが、そうしたことは、あり得ない。」（「14」）[12]踏み込んで言うならば、**「たとえば、気絶している時、そして、睡眠中においても」**、**「意識化されないもの」**がはたらいている（「20」[13]、「23」[14][15]）。

そして、「モナド」において、「心と肉体が切り離されている、といったことは、あり得ない。」（「14」[16]）そして、そうした、「心」と「肉体」が不可分である、ということの中で「意識」においてはたらく「とらえ返し（反省）」に基づいて、「私」がはたらく（「30」[17]）。

そして、そうした在り方をも持つ「知覚に基づく表象」は、その中の「意識化されないもの」も含めて言えば、**「動物以前的に生物的」**、**「動物的」**、**「人間的」といった内容**を持つ。そして、「肉体の、どの部分にも、言わば、動物以前的な生物、そして、動物といったことが、多くはたらく、という在り方を持つ。」（「70」[18]）そして、そうしたことにおいて、単なる偶然の「事実」と見なされることの中にも、「充分な理由」がはたらく。そして、そのことの「原理」がはたらく。すなわち、たとえば、「AがなぜAであって、A以外ではないか、ということを、充分に満たすに足る理由がはたらく」という「原理」がはたらく（「32」[19]）。そして、そうした「原理」は、「知覚に基づく表象」の内容を、既に述べたように、「欲望」とともにはたらかせる。

そして、「どのような発生と言われることにせよ、発生と言われることは、どのようにせよ、〝外へと広がること〟であり、どのようにせよ〝増大すること〟である」（「73」[20]）が、「モナド」は、まさに「有機体」（「74」[21]）であるが故に、当然のこととして、**「授受精作用」**（「74」[22]、「75」[23]）、そして、そのことをめぐることが、はたらく。そして、「心と、有機的なまさに肉体との結び付き、さらに言えば、むしろ、一致が、ごまかしなしに問われる必要がある。」（「78」[24]）

そして、そうしたことにおいて、「心は、目的の原理に従って、欲望、そして、まさに**目的**、そして手段に基づいて、はたらく。」そして、「肉体との間に、調和と言うべきことが、はたらく。」（「79」[25]）

そして、こうしたことに基づいて、いわば、「心」以上のはたらきとして、「精神」がはたらく。「精神」とは、言わば、「神の似姿」としての在り方であるが、それは、「神」が持つ「自然」についての「図面」を、どの程度にせよ、分かり、そのことが、**「モナド」としての「統合性」**において、はたらく、ということである（「83」[26]）。そして、さらに言えば、「精神」においては、「道徳的世界」、言い換えるならば**「普遍性の支配」**が、言わば「神の国」として、はたらく（「86」[27]）。このことは、「精神」においては、「神」の、「造物主としての神」としての在り方が「**立法者**としての神」としての在り方と「調和」においてはたらく、ということである。そして、そのことは、「モナド」において、まさに「道徳的世界」が、「普遍性の支配」としての「統合性」として、はたらく、ということである（「89」[28]）。

こうしたライプニッツの「モナド」論をめぐって、次のことを述べることができる。

ライプニッツの「モナド」論に、最後期のフッサールは、「主体」を「モナド」という言い方をすることにおいて、フロイトの主張の一部を投影させ、フロイトの主張から示唆されたことを、一定の在り方にせよ、含みとしてはたらかせている。

結論　「普遍性の目的論（普遍的目的論）」へ

フッサールは、「意味」についての問いにおいて、フロイトの主張からも、一定の示唆を受けながら、「自我」の「発生」、さらに、そのことを中心とした「主体」（＝「モナド」）の「発生」について、明らかにしようとする。そうしたことにおいて、フッサールは、「欲動」（＝「性欲動」）についての主題化に基づき、それぞれの「主体」（＝「モナド」）には、「根源的に」、「相互主体性」が「内在している」ことを導き出す。そして、そうしたことに基づき、さらに、「欲動」（＝「性欲動」）の、様々な次元においてのはたらきの「結び付き」としての「欲動体系」に基づいて「欲動共同性」がはたらく、と述べ、それらのことを「本源的な」基盤として、それぞれの「主体」（＝「モナド」）には、一定の〈普遍性〉を持つもの（〈普遍的な」もの）〉をつくり出し、それがはたらく、ということとして、「普遍性」の立場が、「統合性」としての在り方で、はたらく、ということを主張する。

フッサールは、このことを、「発生的現象学」の基盤として主張する。

そして、フッサールは、「発生的現象学」の〝帰結〟として、次のことを主張する。

「普遍性」の立場がはたらく、という「目的」の実現に向けて、まず、「主体」（＝「モナド」）の「発生」におけることとして、**そして、「主体」（＝「モナド」）の「発生」後、一定の〈普遍性〉を持つもの（「普遍的な」もの）〉をつくり出すことにおいて、そして、それがはたらくことにおいて、「言語」が決定的な在り方ではたらく。**

こうしたフッサールの主張の展開からは、前後するが、次章においては、まず「発生的現象学」の〝帰結〟についての主張を述べ、さらに次の章において、さかのぼって、「発生的現象学」の基盤について述べることにしたい。

註

1とりわけ、1945年の主著『知覚の現象学』、そして、1950〜1951年度のパリ大学文学部での講義録『人間の科学と現象学』、そして『幼児の対人関係』（邦訳は、『眼と精神』（木田元・滝浦静雄訳、みすず書房）所収）などにおいて、確認できる。原著については、巻末の「参考文献表」に、掲載した。

ここで、メルロ・ポンティが、主著『知覚の現象学』において、フロイトの「精神分析」をもとに述べていたことについて、確認しておきたい。

「身体」は、「心」と「もの」という二元論では済まない在り方において両者の在り方を「未分化に」持つ、ということとして、「両義的」在り方を持つ。「身体」においては、そうした在り方としての「全体」ということとしての「ゲシュタルト」がはたらく。そして、そうしたことによって、生きることにおいての「沈殿」として「非人称的な（前人称的な）」ものが、はたらく。かつて、フロイトは、「神経症」について扱ったが、フロイトが言わんとしたことについては、次のような言い方ができる。「神経症」は、その「主体」においての、「身体」における「非人称的（前人称的）」機能による、特定の「出来事」についての「抑圧」によって起きる。

次に、メルロ・ポンティが、『幼児の対人関係』において述べていたことについて、確認しておきたい。

「幼児の対人関係」は、もともとは、自分と「他者」という区別がない「未分化」としての在り方を持つ。そうしたことにおいて、

「原初的」という在り方を持った「ゲシュタルト」がはたらく。やがて、自分には〝外〟（「外部」）があることが分かる、ということを背景として、「他者」ということをとらえることに基づいて、「自我」がつくり出される。そのことの、出発点となったことは、鏡に写った自分（「鏡像」としての自分）を、まさに自分として、とらえる、ということである。それは、自分の〝外〟（「外部」）に自分をとらえる、ということである。そのことは、「第一段階」での、「自我」の「発生」という言い方ができる。しかし、そのことにおいては、実は、最初の「他者」が、自分の「鏡像」であった、ということが起きている。そして、そのことによって、以後、「主体」には、「他者」とかかわる時、その「他者」を、自分の「鏡像」に移し込むような在り方が、どのようにせよ、はたらく。そして、そうしたことを伴なう在り方で、「自我」と「他者」ということの区別に基づく「全体」としての、高度な「ゲシュタルト」がはたらき続ける。

2ライプニッツ(1646～1716)の「モナド」論は、Monadologieと呼ばれているが、原典は、１７１４年に、フランス語で書かれ、題は付けられていなかった。ライプニッツ没後の１７２０年に、ケーラー(Kehler.Heinlich)がドイツ語訳し、Monadologieと題して、出版した。フランス語原典は、１８４０年に、エルトマン（Eltman）編の『ライプニッツ著作集』において公表された。

3フッサールの主張には、アリストテレスの『動物誌』、『動物発生論』などの「動物」論、さらには「生物」論を思わせる主張さえもはたらく。そして、フッサールの主張には、１８００年紀（１９世紀）の後半以降、ダーウィン(Darwin.Charles Robert.1809～1882)の「進化論」や、ヘッケル(Haeckel.Ernst Heinrich Philipp August. 1834～1919)の「〈系統発生・個体発生〉反復説」などがつくり出し、そして、さらに、まさに、フロイトの「精神分析」もまた、一翼を担った、幅広い**「生」の立場**の潮流が踏まえられている、と言える。

ダーウィンについては、１８５９年の主著『種の起源』を、巻末の「参考文献表」に記載した。

ヘッケルは、１８７４年に、「発生学」のテクスト Anthropogenie を公刊し、「〈系統発生・個体発生〉反復説」の潮流をつくり出した。ただし、ヘッケル個人について言えば、後に「優生学」に基づく差別主義と思える発言をしている、という問題を持つ。しかし、フッサールの主張には、そうした主張の含みははたらかない。後述する通り、フッサールには、「人間」が〝裏《うら》〟面として持つ**「生物」、そして、とりわけ「動物」、としての〝深層〟**を正面から踏まえる、ということの立場がはたらく。

4 ヴァイゲルもヘルモントも、「化学」の先駆となった「錬金術」を担ったパラケルスス（Paracelsus,1493～1541）の「自然哲学」の影響を受けた人物である。

5 以下、主張された、原著における項目番号を表記する。註においては、ドイツ語訳におけるページ、及び、邦訳（『モナドロジー』（清水富雄・竹田篤司・飯塚勝久訳、中央公論社・中公クラシックス『モナドロジー・形而上学叙説』所収））における掲載ページを記載した。Mo63. 邦訳、P.21.

6 Mo63. 邦訳、P.21.

7 Mo43. 邦訳、P.5.

8 Mo66. 邦訳、P.25.

9 Mo64. 邦訳、P.22.

10 Mo65. 邦訳、P.24.

11 Mb48. 邦訳、P.7.

12 Mb47. 邦訳、P.7.

13 Mb49. 邦訳、P.9.

14 Mb50. 邦訳、P.10.

15 B・ラッセルは、１９００年の『ライプニッツ哲学の批判的解説』において、ライプニッツが「はたらき」としての「無意識」をめぐる主張を行なっている、という言い方をしている。

16 Mb47. 邦訳、P.7.

17 Mb63. 邦訳、P.13.

18 Mb68. 邦訳、P.27.

19 Mb53. 邦訳、P.13.

20 Mb69. 邦訳、P.28.

21 Mb69. 邦訳、P.29.

22 Mb69. 邦訳、P.29. ドイツ語訳では、Empfängnis. フランス語の原語では、conception. である。

23 Mb70. 邦訳、P.29.

24 Mb70. 邦訳、P.30.

25 Mb70. 邦訳、P.30f.

26 Mb71. 邦訳、P.32.

27 Mb71. 邦訳、P.33.

28 Mb72. 邦訳、P.34.

第二章　1935年7月の論稿『子供（幼児）。最初の自己移入』をめぐって
――「発生的現象学」の〝帰結〟――

序　「自己移入」、そして、「言語的コミュニケーション」

フッサールは、1933年9月の論稿『普遍性の目的論（普遍的目的論）』において、「主体」（＝「モナド」）が「普遍性の目的論（普遍的目的論）」へと向かうことにおいて、〝生命的奔流〟としてはたらく「欲動」（＝「性欲動」）について主題化し、そのことによって、**「発生的現象学」の基盤**とも言えることの主張を行なっている。その論稿については、本書において、次章である第三章において述べるが、この第二章においては、既に述べたように、発表時期は前後するが、フッサールが1935年7月の論稿において述べている**「発生的現象学」の〝帰結〟**について、まず、検討する。その論稿とは、『子供（幼児）。最初の自己移入(Das Kind. Die erste Einfühlung)』(PI Ⅲ 604 ~ 608)という論稿である。

あらかじめ、この論稿の基本的な主張について、端的に述べておきたい。「自我」の「発生」、さらに言えば、「主体」（＝「モナド」）の「発生」、について述べ、「自己移入」、さらには、

そのことを一定の背景とした「言語」のはたらきがつくり出す「共同主体性」について明らかにすることによって、「主体」（＝「モナド」）における「統合性」として、〈「普遍性」を持つもの（「普遍的な」もの）〉がはたらく在り方について述べる。そして、そうしたことにおいて、**「普遍性」の立場**を主張する。

第一節　先駆的な「自我」の「発生」　その1

ここで取り上げるフッサールの1935年7月の論稿は、既に述べたように、『子供（幼児）。最初の自己移入』と題されている。そして、フッサールは、次のような、「自我」がやがて「発生」する、ということをめぐる主張を、まず行なっている（PI Ⅲ 604）。

「子供（幼児）」において起きる、**先駆的な「自我」の「発生」**の「背景（Unterlage）」としての「最初のはたらき（der erste Aktus）」について、次のように述べることができる。

そもそも、「人間」における、「自我」の「発生」という、まさに「基盤となること」は、その先駆的な在り方において、「人間」がつくり出す（人と人との関係としての）「環境」（**「人間の環境」**）を、その背景としている。すなわち、「自我」の「発生」においては、その先駆的な在り方において、そうした「人間の環境」が、「原的端緒（原初的端緒、Uranfang)[1]」としての在り方を持った地平（≒世界)[2]」としてはたらく。

そのことは、さらに、「時間的経過におけるはたらき」（「時間に基づくはたらき」としての「時間化」、Zeitigung)」においても展開する。

そうした「原的端緒としての在り方を持った、地平（≒世界）」としての「人間の環境」とは、どのようなことなのか？（PI Ⅲ 604）。

それは、「子供（幼児）にとっての、親にかかわること(Erbmasse)」である。それは、もともと、当然のこととして〝空気のように(leer)〟はたらいている「地平」（≒世界）であるが、そうした「原的端緒」としての「人間の環境」においては、実は、「意味」が、「本源的な」在り方でつくり出されている。すなわち、「本源的な」在り方での「意味」がつくり出されている。言い換えるならば、「原‐意味（原初的意味、Ursinn）」[3] がつくり出されている。

（フッサールの、こうした〈子供（幼児）‐「親」〉の「関係」を、「本源的な」在り方を持つこととしてとらえる主張には、それ自体としては、フロイトの主張からの示唆をとらえ返すことができる。しかし、既に述べたように、そして、後述において繰り返し述べるように、フッサールの場合の、とりわけ「普遍性」の立場へと向かう、という議論の、その後の展開は、フロイトとは、はっきりと異なっている。）

そうしたこととしての「原的端緒としての在り方を持った、地平（≒世界）」とは、生まれた「子供（幼児）」を「**触発**する(affrierend)もの」（＝「ヒュレー(Hyle)」）の、その「最初のもの」としての在り方を持つ、まさに「地平（≒世界）」のことである。そして、「原的端緒としての在り方を持った、地平（≒世界）」とは、端的に、「とらえられたもの(Erfasstes)」として「最初のもの」である。そして、そのようにして、「原的端緒(Uranfang)としての在り方を持った、地平（≒世界）」は、「子供（幼児）」にとって、**「受動性」の「最初のもの」**である。しかし、その一方において、「原的端緒としての在り方を持った、地平（≒世界）」は、「それへと向かうこと（対向、Zuwendung）」がはたらく、ということの「最初のもの」でもある。そうであるが故に、「それへと向かうこと（対向）」がはたらく、という「能動性」がはたらく、ということにおいて、そのことは、「子供（幼児〉」にとって、**「能動性」の、やはり「最初のもの」**である。そして、「それへと向かうこと（**対向**）」が、どのようにせよ「充足することがはたらくもの (Erfüllendes)」として、「子供（幼児）」にとって「主題的なこと (Thema)」としてはたらく。そして、そのことは、「子供（幼児）」にとって「主題的なこと」の「最初のもの」である。

こうして、フッサールは、「自我」の「発生」の背景の決定的な部分が、次のことであると述べる。

「子供（幼児）にとっての親（母親・父親）」としての「人間」がつくり出す「環境」、すなわち、そうしたこととしての「人間の環境」の中に、まさに生きる、ということ。

第二節　先駆的な「自我」の「発生」　その2

こうしたことにおいて、フッサールは、先駆的な「自我」の「発生」以前の、そうした「原的端緒としての在り方を持った、地平（＝世界）」がはたらく段階について、**「先 - 自我 (Vor-Ich)」**がはたらく、という言い方をした上で、次のことを述べている (PI III 604)。

「先 - 自我」は、先駆的な「自我」の「目覚め (Erwachen)」の以前であることにおいて、「地平（＝世界）」は、まだ「非現勢的（実働していない、inaktuell)」在り方のままであり、そうしたこととして、「地平（＝世界）」は**「生活的ではない** (nicht lebendig,unlebendig)」[4]。そのようにして、「先 - 自我」にとって、「世界」は、まだ「先 - 様態 (Vor-Weise)」と言わざるを得ない状態である。そして、「先 - 自我」は、そのようにして、「地平（＝世界）」にまだ「目覚めていない (nicht wach)」という在り方であることによって、まだ実質においては、〈「地平（＝世界）」の中にいる〉という在り方をしていない。

そして、フッサールは、次のことを述べている(PI Ⅲ 605)。

「先-自我」の段階における「子供(幼児)」にとって、「母親」は、自らと「未分化」の在り方において、ひたすら「経験」(〝実感〟)されている。そして、「母親」と「未分化」であることによる「一体性」において、「子供(幼児)」に、この段階においての「統合性」がはたらく。

さらに言えば、「母親」は、「視覚的・触覚的な一体性」とでも言うべき在り方を持ち、そのことが、「先-自我」と「未分化」のこととして「経験」(〝実感〟)されている。すなわち、「母親」は、その〝(自らを含めた)全体というとらえ方(Hauptansicht)」において、「子供(幼児)」には「一体性」においてとらえられている。そして、そのことこそは、「子供(幼児)」にこの段階においての「統合性」をはたらかせる、という在り方を持つ。

そして、フッサールは、さらに次のことを述べている(PI Ⅲ 605)。

そのようにして、「主体」(=「モナド」)と「主体」(=「モナド」)の〝外〟(「外部」)が、まだ、「主体」を中心に「未分化な」在り方においてとらえられているが、実は、そのことにおいては、「主体」(=「モナド」)は、「キネステーゼ的に(感覚が身体の動き(運動)の中ではたらくことによって(=感覚の身体運動に基づくはたらきによって))動機づけられる」ということばかりではない。「主体」(=「モナド」)には、さらに、**「一体化しているもの」への〝愛着〟として「根源的な欲求(ursprüngliche Bedürfnisse)」**がはたらいている。すなわち、「先-自我」の段階における「子供(幼児)」としての「主体」(=「モナド」)には、そうしたことにおいて、「母親」への「根源的な欲求」がはたらいている。

そして、フッサールは、まさに、次のように述べている(PI Ⅲ 605)。

「先‐自我」の段階における「子供（幼児）」は、「母親を強く欲求する(begehrt nach der Mutter)」。

そして、フッサールは、このことをめぐって、次のようなことを述べている(PI III 605)。

「母親」が「通常のように（〝普段通りに〟）正常な在り方で〝見えること〟において(in der normalen 〝Ansicht〟」「母親を強く欲求する」。そして、「先‐自我」の段階における「子供（幼児）」は、「母親」の不在においては、「泣かざるを得ないようにして、泣き出す(schreit unwillkürlich)」。そして、そのことは、ともすると、「母親」を呼び寄せ「母親」がやって来る、ということをもたらす、という在り方で、「効を奏する」。そして、「母親」がやって来て、まさに〝見えること〟によって「強い欲求(Begehren)」は一定の在り方で「充足する(sich erfüllen)」。

しかし、やがて、「先‐自我」は、自らには〝外〟（「外部」）がある、ということを〝思い知る〟ということとして、「地平（≒世界）」に「実質的に」「触発される(affiziert)」ということが起きる。すなわち、そうしたこととして、「先‐自我」にとって、「地平（≒世界）」が「充溢《じゅういつ》(Fülle)」としての一定の在り方を持つことによって、「先‐自我」において、**先駆的な「自我」の「発生」**が起きる。

こうした先駆的な「自我」の「発生」をめぐって、次のような議論を行なうことができる。

「背景」となっている、既に述べた次のことは、どのようなことなのか？

「子供（幼児）にとっての親にかかわること」としての、「人間」がつくり出す「環境」（＝「人間の環境」）の中に、まさに、生きるようになる、ということ。

次のように述べることができる。

「自我に基づく主体（自我主体、Ichsubjekt）」であることとして「目覚めている（erwacht）」ことによって「生活的な（lebendig）」一定の「他者」たちがつくり出している「地平（≒世界）」との「かかわり（Anteil）」の中に生きる、ということ。

そして、さらに、踏み込んで、次のことを述べることができる。

一定の、「自我に基づく主体（自我主体）」としての「他者」たちがつくり出している「世界」と「かかわること」を行なう、ということにおいて、〝外〟（「外部」）ということを持つ〝自分〟ということとして、〝自分〟ということを意識し、〝自分〟の〝外〟（「外部」）として、「他者」（「他者」たち）をとらえ、そして、「地平（≒世界）」をとらえ、そうしたことを踏まえた上で、どのようにせよ、そうしたことと「かかわること」を、まさに行なう、ということ。

そして、フッサールは、さらに、次のように述べている（PI Ⅲ 604）。

「自我に基づく主体（自我主体）たちは、もちろん既に、互いに（mieinander）、生活的な関係の中で（in lebendigem Konnex）生きているが、先-自我は、彼らの中で、まず、出生に伴なう関係（gebürtlicher Konnex）としての、本源的な関係において、彼らにかかわる、ということによって、その関係の中に入り込んでいる。」

すなわち、フッサールは、次のように言わんとする。

「子供（幼児）」が、「出生に伴なう関係」、すなわち〈子供（幼児）-母親・父親〉の「関係」をめぐって、はっきりと、自分と〝外〟（「外部」）ということをとらえるに至った時、「子供（幼児）」において、先駆的な「自我」

の「発生」が起きたと言える。すなわち、「先‐自我」から、先駆的な「自我」の「発生」が起きたと言える。

フッサールは、このような在り方で、〈子供（幼児）‐母親・父親〉の「関係」を、「背景」の、さしあたり「重要な」部分として、「先‐自我」からの先駆的な「自我」の「発生」が起きる、ということを述べている。

言うまでもなく、フロイトこそは、１８９０年代以降（とりわけ１９００年以降）、「精神分析」を展開させることにおいて、「自我」の「発生」をめぐって、とりわけ、〈子供（幼児）‐母親・父親〉の「関係」としての、すなわち〝エディプス三角形〟が持つ〈はたらき〉を主題化した。そして、この場合の、フッサールの主張は、少なくとも、〈子供（幼児）‐母親・父親〉の「関係」について、一定の在り方で主題化しているということにおいて、既に、フロイトの主張と接点を持つ。そうしたことからは、フロイトの主張からの、どのようにせよ、示唆がはたらいているとも言える。そして、後述するように、そうした接点は、さらに、一定の在り方で、深まる。しかし、あらかじめ述べるならば、フッサールは、既に、〈子供（幼児）‐母親・父親〉の「関係」にとどまらない在り方で、「他者」たちとの「関係」を、「子供（幼児）」において、とらえている。そして、そうした前提に基づくフッサール主張の展開が行き着く先は、フロイトとははっきりと異なっている。

フッサールは、さらに次のように述べている (PI Ⅲ 605)。

「先‐自我は、両親 (Eltern) との、まさにかかわりにおいてはたらくが、両親は、と言えば、自分たちが属する、歴史としての (historisch)[5]、全体としての時間性 (Allzeitlichkeit) の中での、生活的な自我の、全体としての共同性 (Allgemeinschaft) に属している。」

そして、フッサールは、あらかじめ、さらに、次のことを言わんとする。

「子供（幼児）」において、先駆的な「自我」の「発生」から、やがて、さらに「自我」の「発生」が展開していく、ということにおいて、「人間の環境」をつくり出している〈「母親」、「父親」〉には、〝人々〟（「われわれ」）という全体が、「全体としての共同性」として、その**「歴史（Historie）」**の全体においてつくり出されて来た、という在り方ではたらいている。〈「母親」、「父親」〉ということを、〝人々〟[6]（「われわれ」）という「全体としての共同性」が含む、あくまでも一定の〝中心〟ととらえる必要がある。

しかし、そうは言っても、フッサールは、〈子供（幼児）-母親〉の「関係」について、〝人々〟（「われわれ」）においての、一定の〝中心〟と言わざるを得ない〝踏み込んだ在り方の含み〟がはたらく、という前提で、議論を行なっている。


そして、フッサールは、「先-自我」からの先駆的な「自我」の「発生」に至るまでの展開について、さらに、踏み込んで、次のことを、述べている。

「先-自我」の段階における「子供（幼児）」にとって、「母親」は、**「第一次的に（primordial）もの的身体的な（körperlich）**在り方を持った、（自らにとって）統合性をつくり出しはたらかせるもの（Einheit）」と言うべき在り方を持つ（PI Ⅲ 605）。

〔primordial という用語は、「第一次的」と訳すことには、一定の問題があるが[7]、フッサールの用法から、このように**「第一次的」**と訳した。また、**「根本的」**という訳で充分な場合には、そのように訳した。なお、フッサールは、urtümlich という用語を、前述の内容においても、後述の内容においても、繰り返し使っている。

primordial と紛らわしいが、〝一定の端緒から始まる、ということ、さらには、その場合において最初の〟ということという意味で**「本源的」**と訳した。〕

〔また、**もの的身体的な（körperlich）**という言い方が分かりにくいが、フッサールは、körperlich と leiblich という、ともに、「身体的な」と訳し得る単語を、使い分けている。これ以後、leiblich については、「身体的」と訳したが、その含みは、「自我」をはっきりと前提とした上で「身体的な」ということである。そして、「自我」をはっきりと前提していない場合に使われる körperlich については、ここでそのように訳したように**「もの的身体的な」**と訳した。〕

しかし、とりわけ決定的な展開として、次のことを述べる必要がある。

「先 - 自我」の段階における「子供（幼児）」は、成長して、より拡大した在り方で「空間を持った、もの的身体（Raumkörper）」として、自らの「空間」を持つようになる、ということの中で、そのことに基づいて、自分自身との、どのようにせよ、「空間的な」「かかわり」の中で、一定の限られた「空間」を持つ「もの的身体（Körper）」として、とらえるようになる。すなわち、「母親」について、一定の限られた「空間」を持つ「もの的身体」として、とらえるようになる。すなわち、「母親」について、**一定の限られた「空間領域（Raumfeld）」としての在り方を持った「もの的身体（Körper）」**として、とらえるようになる。そして、自分自身についても、一定の限られた「空間領域」としての在り方を持った「もの的身体（Körper）」として、とらえるようになる。そして、「母親」と自分自身を、「もの的身体」を持つということにおいて「同一の在り方を維持しているもの（Identisches）」としてとらえるようになる。そして、そうしたことにおいては、既に述べた、次のことが起きる。

「子供（幼児）」には、「母親」を、自分の〝外〟（「外部」）の「空間を持った」ものとして（さらに言えば〝他

なるもの〉としての「他者」として）とらえる、というとらえ方が、つくり出され、はたらくようになる。そして、こうしたことによってこそ、先駆的な「自我」の「発生」が起きる。

そして、端的に、繰り返し、次のことを述べることができる。

「先‐自我」の段階における「子供（幼児）」においては、「子供（幼児）」は「母親」とまさに「未分化」である中で、「母親」に対しての強い〈愛着〉としての強い「欲求」がはたらいている。そして、そうしたことにおいて、しかし、**「子供（幼児）」が、「母親」との具体的な「かかわり」という「人間の環境」における一定の部分の中で、「母親」と自分自身を、「空間性」においてとらえるようになる。そのことによって、自分と、〈外〉（「外部」）ということのとらえ方が、つくり出され、はたらくようになる、ということに基づいて、先駆的な「自我」の「発生」が起きる。**

第三節　「最初の自己移入」：「自我」の「発生」の「第一段階」

フッサールは、先駆的な「自我」の「発生」について、前述のように、述べているが、さらに、次のことを述べている（PI Ⅲ 605）。

先駆的な「自我」の「発生」の後、「母親」に対して、強い「欲求」ではなく、「本能的なもの」がまさに**「欲望」**としてはたらくようになる。

そして、自らと「母親」の、それぞれの「固有な身体」をめぐって、たとえば、「唇」をめぐること、さらに、どのようにせよ、一定の「身体器官」をめぐることにおいて、「母親」と〈直接的に〉接する、ということにおいて、一定の在り方での、「欲望」の充足が起きる。

そして、たとえば、「母親」の「語りかけ(Rede)」を行ないながらの「まなざし」や「視線の動き」、そして「唇の動き」や、「母親」が「子供(幼児)」に対して、どのようにせよ「話すこと(Sprechen)」において、「子供(幼児)」は、先駆的な「自我」に基づきながら、「母親」を、まさに「固有な身体」において、とらえる。「子供(幼児)」は、さらに、自分と「母親」との間においてつくり出されている「空間における互いの活動(sich im ihrem Raum Betätigen)」において、たとえば、「母親が来てくれたり、離れて行ってしまったりすること(ihr Gehen und Sichentfernen von mir)」において、さらには、「母親が近くにいてくれていたり、愛情深く対応してくれたりする(ruhenden und bewegten)」ようなことにおいて、先駆的な「自我」に基づいて、「母親」を、まさに「固有な身体」ということにおいて、とらえる。

そのようにして、**「(特定の)他者の身体(fremder Leib)」をその「他者」に「固有な身体」として、とらえることによって、〈「他者」は「固有な身体」を持つが、自分も同様に「固有な身体」を持つ〉というとらえ方がはたらく、ということに基づいて、「他者」を自らに当てはめて、とらえる、ということがはたらく。そのようにして、「自己移入(Einfühlung)」ということが、行なわれる。**[8] すなわち、「子供(幼児)」において、**「最初の自己移入」**が行なわれる。そして、以後、**「自己移入」**が行なわれ続ける(PI Ⅲ 605)。

そして、「子供(幼児)」には、「固有な身体」を持つ者同士という在り方で、自らの〝外〟(「外部」)におけるものとしてとらえるに至った「母親」との「相関」において、「母親」に対する「自己移入」が行なわれ続ける。そして、「自己移入」においては、「母親」を、どのようにせよ、自らをめぐる「鏡像」のように、とらえる、ということがはたらく。すなわち、自らがどのように「固有な身体」を持つのかについて、そのことを想像させる在り方で映し出しているかのように、とらえ、自らがどのように「固有な身体」を持つのか、そのことを、とらえ返す、ということが起きる。そして、そうしたことに基づいて、自ら自身が持つ「身体」を自らに「固有な身体」として、踏み込んでとらえる、ということが起きる。そうした「固有な身体」をとらえる、ということに基づく、という在り方で、先駆的な「自我」の発生から、さらに、**「自我」の「発生」**が起きる。

　こうしたことにおいて、「最初の自己移入」は、とりわけ、他ならない「母親」に対して起きる。そして、フッサールは、「最初の自己移入」をめぐって、さらに次のことを述べている。

　自らの〝外〟（「外部」）と「相関」するという在り方において、「子供（幼児）」は、自らを、まさに、「固有な身体」を持つ者としてとらえるが、「母親」に限らず「（あらゆる）他者の身体 (fremder Leib)」を、まさに、それぞれに「固有な身体」としてとらえるようになる。そして、そのことによって、自らが「固有な身体」を持つ、ということと同様に、〝あらゆる〟「他者」も「固有な身体」を持つと、とらえることに基づいて、自分がかかわる〝あらゆる〟「他者」を自らに当てはめて、とらえる、ということが起きる。そのようにして、自分がかかわる**〝あらゆる〟「他者」に対して「自己移入」がはたらく。**

　こうしたことにおいて、「子供（幼児）」において、既に述べた、まさに、「自我」の「発生」が起きる。ただし、フッサールは、この「自我」の「発生」を、**「第一段階」の「自我」の「発生」**である、として、次のことを述べている (PI III 605)。

「この自我は、自我として主題化されない（意識されない）限り、隠されているかのようである」が、しかし、そうした在り方においてであるにせよ、以後、「自我」は、「触発されること (Affekion)」の、まさに「中心 (Zentrum)」として、はたらく。そして、さらに、「活動すること (Aktion)」の、まさに「中心」として、はたらく。さらに言えば、「主体」（＝「モナド」）の「様々な能力の可能性（Vermöglichkeit）」の、まさに「中心」として、はたらく。そして、**「自我」は、そのようであることによって、「主体」（＝「モナド」）の「同一化（その者自身が自らの同一性を確認すること、Identikation）」の「中心」としてはたらく。**

そして、こうしたことにおいて、「第一段階」の「自我」の「発生」の、まさに、基盤としてはたらく「自己移入」について、フッサールは、さらに次のような言い方もしている（PI Ⅲ 605）。

「自己移入」は、「他者においての（自らにおけることの）反復（die Wiederholung im Andern）」をとらえる、ということである。

すなわち、たとえば、「他者」に、自分と同じように、しかし、その「他者」の「特異性」を伴なう在り方で、その「他者」自身の「手が動く」ということを、とらえる。たとえば、「他者」に、自分と同じように、しかし、その「他者」の「特異性」を伴なう在り方で、その「他者」の「足が動く」ということを、とらえる。そのようにして、「他者」に、「固有な身体」を、自分も「固有な身体」を持つのと同様に、とらえる。そうしたことに基づいて、「他者においての（自らにおけることの）反復」をとらえる。「自己移入」は、そのように、はたらく。

そして、あらためて、「子供（幼児）」から「母親」への「自己移入」としての、**「最初の自己移入」**については、次のように述べることができる（PI Ⅲ 605）。

「もの的身体（Leibkörper）をめぐっては、あくまでも、そうした第一次性（Primordalität）においてとらえることということとして、他者において、自分と同じ**もの的身体**をとらえる。（そして、さらに、**「固有な身体」**

をめぐってこそは、他者において、自分が**「固有な身体」**を持つのと同じように、その「他者」にとっての**「固有な身体」**をとらえる。）」

そして、そうしたことは、「自己」があらゆる「他者」へと、「自己移入」を行なうことの起点となる。

そして、さらに、そうした「自己移入」を行なう、ということにおいて、自らが「かかわる」「他者」が、やはり「自己移入」を行ない得ている場合、「他者」をとらえる、ということには、既に、そうした**「自己移入」を行なうことを互いに行ない合う**、ということがはたらく。そして、そうしたことにおいては、「自分と他者」がそうした「自己移入」の「はたらきによって結び付く、ということ（Sich in Akten Verbinden）」が起きている。そして、**相互に「自己移入」がはたらくことに基づく「自分と他者」の「結び付き」**、について、次のような言い方ができる（PI Ⅲ 605）。

「我－汝の結び付き（Ich-Du-Konnex）」。

そして、さらに、次のことを述べることができる（PI Ⅲ 605）。

相互にそうした「自己移入」がはたらく、ということにおいては、自分にも「他者」にも、それぞれ、「固有な在り方で〈「自己」－「他者」の「関係」〉がはたらいている。そして、互いに、「固有な」〈「自己」－「他者」の「関係」〉がはたらく、ということに基づく「世界」が、自分にも「他者」にも、それぞれに、はたらいている。

そして、そうしたことに、互いに気づく。

そして、こうしたことからは、さらに次のことを述べることができる。

「自己」と「他者」は、そうした「世界」がはたらく者同士としての、「そうした世界を持つ者（Weltliches）」同士、という在り方を持つ。

そして、そうしたことにおいて、「自己」と「他者」を、まさに「**対等**」においてとらえ合うことがはたらく。そして、「我 - 汝の結び付き」を、**そうした「世界を持つ者」同士の「総合（Synthesis）」ということ**として、さらに、展開させてとらえることが起きる。

このことについては、端的に、次のように述べることができる（PI Ⅲ 605）。

「自我」が、まさに、はたらく、という在り方での、そうした**〈「自己」-「他者」の「関係」〉に基づく「世界」を持つ者同士である、ということとしての「総合」**がはたらく。すなわち、そうした在り方で**「（主体における）自我という中心が、まさに、はたらき合う、ということとしての総合（System der Ichzentren）」**がはたらく。

第四節 「自我」の「発生」の「第二段階」

フッサールは、さらに、**「自我」の「発生」の「第二段階」（「自我」の、実現の、段階）を、「言語」に基づくこと**として、述べている。

フッサールは、次のように述べている（PI Ⅲ 605f.）。

〈「自己」-「他者」〉において、「共通の事物について話している」時、その事物について、共通に使うその事物の「名前（名称）」としての「言葉」を使う。まだ「名前（名称）」が付けられていない事物について話す時、「名づけること（Nennen）」を行なうことに基づいて、話す。「名づけること」によってつくり出されるものは、「記号（Zeichen）」としての、まさに「言葉」である。そのようにして、「言葉」は、まさに「名づけること」に基づく、という在り方を持つ。

或る事柄が、他の一定の事柄を「想起させる印（Erinnerungsmal）」としての在り方を持つ場合、その或る事柄は、「記号」である。そして、この場合の「想起させる印」としての事柄を、一定の音声表現（さらには文字表現）として「意図的につくり出すこと（willkürliche Herstellung）」が行なわれるならば、それは、まさに「言葉」である。

そして、このことにおいては、「想起される」事柄について、一定の「帰納（Induktion）」が行なわれ、「意味」がつくり出されている。踏み込んで言えば、「言葉」は、そうした「意味」の「想起させる印」としての在り方を持つ。〔フッサールは、こうしたことにおいての「想起」について、**Weckung（「覚起」）**という言い方をしている。〕

そして、「言葉」は、「意味」を媒介として、一定の「対象」に対する「指示（Verweisung）」を行なう、という在り方を持つ。そして、「言葉」を、「記号」として、**使い合う**ことが起きる。

そして、「言葉」の始まりとして、次のことを述べることができる。

もともと、「言葉」は、或る事物に接して、思わず、何か声が出てしまう、という在り方でつくられた。そのようなこととして、声の一定の出し方（発声）としての在り方を持った。そのようにして、たとえば、一定の動物に、「牛」という、その動物を「指示する」「名詞」がつくり出され、使われた。

そして、音声表現として、他の音声表現と区別できるようにしながら、それぞれに、伴なわれる「意味」に基づく、という在り方で、「名詞」を整理し、秩序づけ、体系をつくる、ということが行なわれていった。

そして、さらに次のようなことが行なわれた。

たとえば、一定の「対象」について、それが、本当に、その「対象」なのか、疑問に思う、という場合、一定の「表現」が工夫され、加えられた。すなわち、たとえば、「牛」という「対象」についてならば、「牛か（牛なのか）?」」という、問いの「表現」がつくり出された。

そして、そうした問いに対しての、肯定の答えは、やはり、一定の「表現」が加えられた在り方で、行なわれた。すなわち、「牛だ（牛である）。」という「表現」がつくり出された。

そして、さらには、「対象」を、「代名詞」によって表現する、ということも考え出された。すなわち、たとえば、ここで述べた例について言えば、次のようになる。

「それは、牛なのか?」」、「それは、牛である。」

こうしたことについて、「表現」の仕方のために、「文法」がつくり出される、という言い方ができる。

そして、「表現」が「文法」に基づくことによって、「表現」は、単に「発声」ではなく、まさに「発話」として行なわれるようになった。

「言葉」（そして、さらに言えば、「言語」）は、基本的に、こうした〝仕組み〟を持つ。


そして、自分（〝私〟）が「言葉」を使った時、とりわけ、次のようなことが行なわれる。
(1)「他者」に、〝私〟が使った「言葉」によってその「言葉」が「指示」する一定の事柄についての、どのようにせよ、**「認識」を行ってもらう。**
(2)「他者」に、〝私〟の「行為」について（何をするのか、何をしているのか）などの一定の**「状態」についての「伝達（Mitteilung）」を行なう。**
(3)「他者」に、〝私〟の「欲求」・「欲望」等々の、一定の**「意図」についての「伝達」を行なう。**

こうしたことから、フッサールは、「言葉」について、とりわけ、次のことを述べる。「言葉」は、「名づける」ことに基づくが、「名づける」ことは、そのことが何について行なわれるのか、について、〝私〟と**「他者」（さらには「他者」たち）が了解し合っている、ということ、言い換えれば「同意（合意）」し合っている、ということ**に基づく。

そして、フッサールは、こうしたこととしての「言葉」を基盤とすることとして、「言語」をとらえる。

そして、フッサールは、こうしたことから、次のことを言わんとする。「子供（幼児）」が「言葉」（さらには「言語」）について、こうしたことを踏まえた在り方で使うようになった時、「自我」の「発生」は、さらに、**新たな段階（「第二段階」）**に入る。

このようにして、フッサールは、次のことを述べている。

「言葉」（さらには「言語」）を使うようになる、ということによって、「自我」の「発生」の新たな段階（「第二段階」）が起きる。

そして、フッサールは、「言葉」（さらには「言語」）を使うようになるということを、Konnex durch Mitteilungという言い方をしている(PI Ⅲ 606)。直訳では、「伝達による結び付き」である。

このことについて、次のことを述べておきたい。

この場合のMitteilungという用語について、既に、日本語での定訳とも言える「伝達」という訳を使って、この用語を使ったが、実は、この場合、「伝達」という訳では、意味が充分には伝わらない。「伝達」という日本語は、一方からもう一方へと伝える、という、片側のはたらきの「意味」を持つが、Mitteilungは、語義としては、〝**「他者」を自分の部分とする、ということを、互いに行ない合うこと**〟である。すなわち、**「コミュニケーション」**と言うべきことを、そもそも、その「意味」としている用語である。このことからすれば、Konnex durch Mitteilung は、**〈「他者」を自分の部分とすることを互いに行ない合うこと〉に基づく「結び付き」、ということ**である。そして、フッサールは、さらに、この Konnex durch Mitteilung を、Verkehr と言い換えている(PI Ⅲ 606)。Verkehr は、邦訳の定訳では、「交流」であるが、この場合、端的に、**「コミュニケーション」**がまさにはたらくこと、である。さらに言えば、**踏み込んだ在り方での「コミュニケーション」を行なうこと**、である。こうしたことから、以後、Mitteilung について「コミュニケーション」という言い方をしながら、議論を進めることにしたい。フッサールは、Mitteilung（「コミュニケーション」）について、一定の不可欠な前提に基づいている、と述べている(PI Ⅲ 606)。そして、この不可欠な前提の、基本となることは、既に述べた次のことである、と述べている。

「事物を共通な在り方でとらえることに基づいて付けられる名前（名称）(Namen für gemeinsame Dinge)」。すなわち、「言葉」である。そして、さらに言えば、この場合の、不可欠な前提とは、「言葉」を基本とした「言語」である。このようであることによって、Mitteilung という用語は、それ自体として、とりわけ、**「言葉」（さらには「言語」）に基づく「コミュニケーション」**である。さらに端的に言えば、**「言語的コミュニケーション」**である。

そうであるが故に、ここで述べた、Konnex durch Mitteilung（直訳では「伝達による結び付き」）は、次のように述べることができる。

「言葉（さらには、言語）に基づくコミュニケーションによる結び付き」。

さらに端的に言えば、次のように述べることができる。

「言語的コミュニケーションによる結びつき」。

そして、フッサールは、このことについて、次のように言い切っている（PI Ⅲ 606）。ohne Einfühlung. すなわち、既に述べた「自己移入」ということとは、まったく区別される。

このようにして、既に述べたように、**「言葉」（さらには「言語」）に基づくこと（そうした在り方での「コミュニケーション」、すなわち「言語的コミュニケーション」）が、はたらくようになる、ということは、「自我」の「発生」の新たな段階（「第二段階」）である。さらに言えば、「自我」の〝実現の〟段階である。**

そして、フッサールは、次のことを言わんとする。

以後、「人間」においての〝実現された〟、まさに「自我」は、単に「自己移入」がはたらく、ということにとどまらず、「言葉」（さらには「言語」）に基づく「コミュニケーション」、すなわち「言語的コミュニケーション」にまったく基づく。端的に言えば、次のように述べることができる。

以後、「人間」においての「自我」は、「言語的コミュニケーション」にまったく基づく。

そして、フッサールは、「子供（幼児）」が「言葉」を使い始めることについて、次のように述べている（PI Ⅲ 606）。

「子供（幼児）は、まず、意図的ではない在り方で（unwillkürlich）、はたらかせざるを得ないが故に、はたらかせる、という在り方で、キネステーゼ（感覚が身体の動き（運動）の中ではたらくこと（＝感覚の身体運動に基づくはたらき）〕をはたらかせながら、意図的ではない在り方での声による発声を行なう。そして、そうしたことを繰り返し行なう中で、やがて、既に発声したことのある同じ言葉を、意図的な在り方で発声するようになる。そのようにして、一般性（普遍性、Allgemeinheit）のある在り方で使われる音声表現を、自ら、繰り返し使うこと、そして、そうしたことに基づいて、意図的に、応用された音声表現をつくり出すということについて、すべてを学ぶ。」

そして、フッサールは、さらに、こうしたことについて、「母親」による「かかわり」をめぐって、次のようなことを述べている（PI Ⅲ 606）。

「母親は、まず、彼女なりに、子供（幼児）と似たような声を、子供（幼児）の声をまねるようにして発声する。子供（幼児）は、それを聞き、それを取り入れるが、そうしたことにおいて、子供（幼児）は、自らに帰属するキネステーゼ〔感覚が身体の動き（運動）の中ではたらくこと（＝感覚の身体運動に基づくはたらき）〕に基づくのではなく、覚起（言語に基づく想起）がはたらくということの在り方で想起（さらに言えば、連想）がはたらく、ということに基づいて、キネステーゼのはたらきとは別の在り方（Nullkinästhese）で、自ら、声をつくり出す。そして、そうしたことを、子供（幼児）は、自ら、繰り返す。母親も、子供（幼児）とのかかわりにおいて、そうしたことを、子供（幼児）に、繰り返させる。」

こうして、フッサールは、**キネステーゼ〔感覚が身体の動き（運動）の中ではたらくこと（＝感覚の身体運動に基づくはたらき）〕がはたらく、ということとは、はっきりと区別される新しい段階**、ということとして、「子供（幼児）」が「言葉」（さらには「言語」）を使うようになる段階について述べている。そして、さらに、次のような、踏み込んだ議論を行なっている(PI Ⅲ 606)。

(一)

「名前(名称)」は、「客観性の世界(客観性に基づく世界、objektive Welt)」を「前提」としている。そして、この場合の、「客観性の世界」を「前提」とする、ということとして、「子供(幼児)」は、まず、「母親」、そして「父親」との「かかわり」を、「経験」(〝実感〟)において、決定的な〝現実〟として、とらえ、踏まえる、ということを行なう。

そして、「子供(幼児)は、母親や父親を名づけること(Nennen)について、理解しながら学ぶ(lernt verstehen)。そして、母親や父親を指示する名前(名称)(すなわち『ママ』、『パパ』など)について理解しながら学ぶ。」すなわち、「母親、父親は、ともすると、子供(幼児)との結び付き(Konnex)の中で、互いに、『ママ』、『パパ』などの名前(名称)によって呼び合う」が、「子供(幼児)は、母親が父親について(また、逆に、父親が母親について)名づけることを行なうこと、そして、子供(幼児)が母親を呼ぶように、母親を父親が『ママ』と呼ぶこと(また、逆に、父親を母親が『パパ』と呼ぶこと)を、理解しながら学ぶ。」

そして、「子供(幼児)は、『ママ』や『パパ』などということを、まさに最初に、名称として学ぶ。」そのことをめぐっては、次のようなことを述べることができる。「母親は子供(幼児)に、『(私が)来るよ』の代わりに『ママ、来るよ』、『(私が)持っていくよ』の代わりに『ママ、持っていくよ』と話しかける。」子供(幼児)は、そうしたことから、「ママ」、「パパ」という「名称」としての「言葉」が使えるようになる。

そして、たとえば、「〔母親の名前(名称)を使いながら、〕母親に、何かを欲し、それを実現してもらう(es

erhält) ことを学ぶ。」

また、「そうしたことの中で（言い方の問題によって）、逆に、母親の不機嫌を買ってしまう (ihr Unwillen erhält) こともある、といったことを学ぶ。」すなわち、たとえば、そのようにして、「言葉」をめぐる人間の様々な〝現実〟を学ぶ。さらには、**「言葉」をめぐって、**人間の様々な〝現実〟を、それ自体として、学ぶ。

（二）

そして、「子供（幼児）の周囲の人々が、子供（幼児）自身に対してではないが、お互いに語りかけながら人称代名詞を使っている時において」、「子供（幼児）」は、そうしたことを聞いて、人称代名詞としての「言葉」が使えるようになる。そして、まさに「私」といった人称代名詞としての「言葉」も使えるようになる。

そして、やはり「子供（幼児）の周囲の人々が、子供（幼児）自身に対してではないが、お互いに語りかけながら話している時に」、「子供（幼児）」は、そうしたことを聞いて、「人へと方向づけられたものを名づけつつ指示するすべての言葉」が使えるようになる。とりわけ、次のような「言葉」である。

(1)「ここ」、「そこ」。「右」、「左」：そうした、「主体にとって空間的に相対する在り方についての言葉」。

(2)「遠い」、「近い」：そうした「主体との空間的関係性における段階についての言葉」。
「以前に」、「今」、「やがて」：そうした「主体との時間的関係性に基づく言葉」、言い換えれば「過去・現在・未来、という環境をめぐる言葉」。

(3)「かつて」：そうした「主体」にとっての「一定の遠さを持つ過去の環境」をめぐる「言葉」。

(4)「さぞや」：そうした「他者」をめぐって想像される「環境」をめぐる「言葉」。

そして、フッサールは、繰り返し、次のことを言わんとする。

「子供（幼児）」は、このようにして、「言葉」（さらに言えば「言語」）を使うようになる、「自我」の「発生」の、まさに、新たな段階（「第二段階」、「自我」の〝実現の〟段階）に入る。

このようにして、フッサールは、次のことを言わんとする。

「自我」の「発生」の、新たな段階（「第二段階」、「自我」の〝実現の〟段階）においては、「主体」（＝「モナド」）、すなわち、それぞれの「個人」において、「言葉」（さらに言えば「言語」）を使うようになる、ということが、「自我」を制御する、という在り方で、はたらくようになる。

さらに言えば、「言葉」（さらに言えば「言語」）を使うようになる、ということが、「主体」（＝「モナド」）における「統合性（Einheit）」をはたらかせる。言い換えれば、「言葉」（さらに言えば「言語」）の「世界」に入る、ということが、「主体」（＝「モナド」）における「統合性」をはたらかせる。

そして、フッサールは、さらには、次のことを言わんとする。

「言葉」（さらに言えば「言語」）を使うようになる、ということは、それぞれの「個人」において、一定の〈「普遍性」を持つもの（「普遍的な」もの）〉が、「自我」を制御する、という在り方で、はたらくようになる、という在り方を持つ。さらに言えば、「言葉」（さらに言えば「言語」）を使うようになる、ということは、それぞれの「個人」において、一定の〈「普遍性」を持つもの（「普遍的な」もの）〉が、「統合性」をはたらかせ

る、という在り方を持つ。

このようにして、フッサールは、フロイトが述べていた「超・自我」ということと、発想としては、一定の在り方で、重なる主張を行なっている。すなわち、さらに言えば、やがて、ラカンが述べる「象徴界」ということと、結果的には、一定の在り方で、重なる主張を行なっている。

しかし、決定的に異なることは、フロイト・ラカンが、「精神分析」の根本的な前提として述べる、次のことに、フッサールが踏み込もうとしない、ということである。

「子供（幼児）」が「母親」へと「欲望」をはたらかせていたことを、「父親」を意識することによって断念をする、ということが起き、そして、そうしたことによって起きる、いわゆる「エディプス・コンプレックス」をめぐる「抑圧」によってこそ、「超・自我」が形成され、さらに言えば「象徴界」に入ることが起きる。

「子供（幼児）」が「母親」へと「欲望」をはたらかせる、ということについては、フッサールと「精神分析」の主張は、重なる。そして、「超・自我」が形成され、さらに言えば「象徴界」に入る、ということは、「言葉」（さらに言えば「言語」）が「体系」としてはたらく「世界」に入る、ということであることにおいて、そのことが、**「自我」の「発生」の、新たな段階（「第二段階」、「自我」の〝実現の〟段階）**である、ということについても、フッサールと「精神分析」の主張は、基本的には、重なる。しかし、フッサールは、〈子供（幼児）・母親・父親〉という三者の関係において、どのようにせよ、一定の〝確執〟のそのことをめぐる「抑圧」がはたらく、ということについてのことまでは述べるにせよ、「エディプス・コンプレックス」をめぐる「抑圧」ということについては、述べようとはしない。そして、フッサールの場合、「子供（幼児）」が、「言葉」（さらに言えば「言語」）が「体系」としてはたらく「世界」に入る、ということによって、「発生的に」起きるべくして起きること（「人間」がつくり出す「環境」（＝「人間の環境」）の中にいる、ということの展開において、起きるべくして起きること」を、踏み込んで述べる、ということこそを行なっている。

そのようにして、**「自我」の「発生」**の、**新たな段階（「第二段階」、「自我」の'実現の'段階）**についての主張が、一定の在り方で、重なっているにせよ、そのこと以降の、主張の展開において、フッサールは、やはり、「精神分析」と、基本的なところで、袂を分かっている。そして、フッサールはこうしたことにおいて、次のことの主張へと向かう。

それぞれの「主体」（＝「モナド」）は、一定の〈「普遍性」を持つもの（「普遍的な」もの）〉をつくり出し、それをはたらかせ、そして、**「普遍性」の立場**をはたらかせる、という**「目的」**へと向かう。

第五節　「他者」について。そして、「客観性」の立場

そして、フッサールは、次のような「現象学」についての展望を述べている（PI Ⅲ 60ff.）。

「自我」の「発生」、そして、そのことを中心とした「主体」の「発生」をめぐる「現象学」（「発生的現象学」）が、求められる。さらに言えば、「自我」の「発生」を踏まえた上で、「主体」にとっての「現われの様式(Erscheinungsweisen)」[9]に基づいて、〈「客観性」を持つもの（「客観的な」もの）〉、さらに言えば〈「普遍性」を持つもの（「普遍的な」もの）〉をつくり出し、はたらかせる、ということについて明らかにする「現象学」が、求められる。さらに言い換えるならば、「自我」の「発生」を踏まえた上で、「主体が自らを具現する、ということの様態(Modis des für das Subjekt Sich-darstellens)」、そして、そのことと不可分に「結び付いている」こととして、「他者の主体が自らを具現する、ということの様態」について、踏まえることに基づき、〈「客観

性」を持つもの〈「客観的な」もの〉、さらに言えば〈「普遍性」を持つもの〈「普遍的な」もの〉〉をつくり出し、はたらかせ、「客観性」の立場、さらに言えば、まさに「普遍性」の立場をはたらかせる、ということについて明らかにする「現象学」が、求められる。

このようにして、フッサールは、次のことを主張する(PI Ⅲ 607)。

「発生的現象学」として、「自我」の「発生」、さらに「主体」の「発生」について踏まえ、そのことに基づき、「主体」、さらには「他者」の「主体」、ということの在り方について明らかにすることに基づき、〈「客観性」を持つもの〈「客観的な」もの〉〉、さらに言えば、〈「普遍性」を持つもの〈「普遍的な」もの〉〉こそをつくり出し、はたらかせ、「客観性」の立場、さらに、まさに「普遍性」の立場こそをはたらかせる、ということについて明らかにする「現象学」が求められる。

そして、そうしたことにおいて、まず、とりわけ、「私ということの、絶え間なく生きるということ〈絶え間ない生活〉における、自我(Ich in meinem strömennden Leben)」においての基盤としての、まさに「自我」の「発生」が問われる。そして、そうしたことにおいて、「自我」の「発生」への問いにおいて明らかになったことを踏まえた展開が求められる。

そして、「私ということの、絶え間ない生活における、自我」は、次のような「自我」へと向かう。

「〈私ということにおいて、行なわれ続ける行為〉に基づく、すなわち、〈成熟する者にとっての世界において行なわれる実践としての、私の実践〉に基づく(in meiner fortgehenden Aktivität,in meiner Praxis,die für den Reifen weltliche Praxis ist)」自我」。

そして、次のことが問われる。

「自我」は、「成熟する」在り方において、「成熟する」者にとっての「世界」としての、まさに「客観性」（さらに言えば、「普遍性」）の「世界」において、どのようであるのか？

そして、フッサールは、あらためて「他者」ということについて主題化して、次のことを述べている (PI III 607)。

「他者」は、「自我」にとって「経験」において、その実在を確信する在り方として、「存在的 (ontisch)」という在り方でのいくつもの「様態 (Modi)」を持ち、「統合性がつくり出されることの背景にはたらくもの」として、まさに、「存在的なもの (das Ontische)」である。そして、「他者」には、それが持つ次のような「与件としての在り方 (Gegebenheitsweisen)」をめぐる在り方がはたらく。

あらゆる「経験的な与件」の「核 (Kern)」とも言える在り方。

さらに言えば、「経験され得ると想定できることの連関 (Zusammenhängen möglicher Erfahrung)」において、とりわけ「経験的な与件」として想定できるもの。

そして、こうした在り方に基づいて、「他者」には、さらに、次のような「（経験的な）与件としての在り方 (Gegebenheitsweisen)」がはたらく。

「行為に基づきながら自らを方向づけること (aktive Richtungen)」に基づく在り方を持つもの。

そのようにして「目的をめざすという在り方 (Abzielungen)」を持つもの。

そして、「(私が、実在を)経験するもの、(私が、)そのことの自体所与を得るもの(それ自体的に与えられるもの)、(私が、一定の在り方で欲動を)充足させるもの、そして、互いに同意(合意)をし合うことを担うもの、といった目的をめざすという様態(Zielungsmodalitäten,abzielend auf Erfahrung, Selbstgebung,Erfüllung, Einstimmigkeit)」を持つもの。

そして、フッサールは、こうした「他者」についてのとらえ方がはたらくことにおいて、「他者」は、さらに、次のようにとらえられる、と述べる(PI Ⅲ 607)。

「他者は、人間としての在り方において、既に、客観性を持つものである(Die Anderen schon Menschen,schon objektiv)。」

「他者は、生活、行為(Aktivität)、そして、目的をめざすこと、といったことの主体であり、いくつもの妥当性(Geltungen)の主体であり、そのような在り方で、客観性を持つものとして、絶え間なく現われる様態(strömende Erscheinungsweisen)において、存在する。」

「他者は、客観性としての在り方を、そのことの現われの様態についての妥当性に基づきながら持ち(in Geltung haben)、そうしたことの中で、目的をはたらかせる(Ziele haben)。」

このように述べることによって、端的に言うならば、フッサールは、次のことを問う。「他者」は、「客観性」としての在り方において、どのようであるのか? 「他者」が「客観性」としての在り方を持つ、ということから、さらに、どのようなことが言えるのか?

そして、フッサールは、次のことを言わんとする。

「私もまた、そうした他者と、同じ在り方を持つ。」

すなわち、フッサールは、次のことを言わんとする。

「私」と「他者」ということについて、それぞれに「自我」であることにおいて（「自我」としての在り方において）、そして、それぞれに「主体」であることにおいて（「主体」としての在り方において）、そして、さらに、それぞれに、相手にとって「他者」であることにおいて（「他者」としての在り方において）、「**対等**」である。

そして、敢えて言えば、フッサールは、次のことを言わんとする。

「私」と「他者」において、「公正」という在り方が、「普遍性」としての在り方においてはたらく。

そして、フッサールは、「私」と「他者」との「結び付き」について、以下のように述べている(PI Ⅲ 607)。「私は行為する(Ich handle)。そして、（そのようでありながら）私は考える。そのような在り方において、私は自分の行為（としての能動性）の中にある。その行為（としての能動性）は、どのようにせよ、まさに、他者との結び付きにおいての(in Konnex mit der Anderer)、（他ならない）私の行為（としての能動性）である。」

そして、「私」と「他者」との「結び付き」ということについて、さらに、次のように述べることができる。「経験の、根本的な結び付き(Grundkonnex)」ということとして、「客観性」を持つ一定のものが、「私」にとっての「現われの在り方」と「他者」にとっての「現われの在り方」において、同じく「客観性」を持つ一定のもの、として「経験される」。言い換えれば、「経験の、根本的な結び付き(Grundkonnex)」ということにおいて、「客観性」を持つ一定のものが、「私」にとっての「存在についての妥当性(Seinsgeltungen)」と、「他者」にとっての「存在についての妥当性」において、同じく「客観性」を持つ一定のもの、として「経験される」。そのことにおいて、「現われの在り方」〔言い換えれば、「存在についての妥当性」〕は、「結び付き」が「私」と「他者」が「連れ立っている(im Miteinander)」ような在り方であることに基づいている。

そして、そのように、「連れ立っているようにして妥当性が成立している」(Mitgeltung vollziehend)ということについて、敢えて言えば、「他者の中に私がいて、そして、私の中に他者がいる(ich in den Anderen,die Anderen in mir)」ということが起きている、という言い方ができる。

そして、そうしたことにおいて、**「成熟する」在り方での、「我 - 汝の結び付き(Ich-Du-Konnex)」**がはたらく。

そして、こうした「我 - 汝の結び付き」においては、さらに、次のようなことが起きている。

(1)「客観性」を持つ一定のものをめぐることについて、それぞれに「とらえ返しを行なう、という行為においての結び付き(Konnex im ändernen Handeln)」。

(2)「客観性」を持つ一定のものをめぐっての、「実践においての一致(praktische Einigung)」・「(そうしたことの)実践においての不一致による混乱(praktischer Streit)」。

(3)「(いくつもの在り方においての)実践を、互いに踏まえ合って(einander)行ない続けることにおいての、(しばしば起きる)実践をめぐる制御(praktische Hemmung durch einander, praktische Durchfühlung)」。

フッサールは、こうしたことを述べることによって、「客観性」をとらえることの前提が、そのことの「他者」との「結び付き」においての、まさに「実践」における、とらえ、とらえ返す〔さらに言えば、とらえ直す〕「行為」

そして、フッサールは、次のことを言わんとする。

である、ということを言わんとする。そして、そのように述べることにおいて、そうしたことにおいては、**否定し得ない在り方での、「他者」についての「経験」（〝実感〟）**とも言えることがはたらく、ということを、強調して言わんとする。

そして、フッサールは、次のように述べる。

とらえ返しも行なわれた（さらに言えば、とらえ直しも行なわれた）上での、一定の〈「客観性」を持つもの〈「客観的な」もの〉〉が、まさに、つくり出される（erzeugend）、ということにおいては、そうした一定の〈「客観性」を持つもの〈「客観的な」もの〉〉は、さらには、「すべての人にとって存在する（für alle ist）」という在り方を持つ。そして、まさに、次のことがはたらく。

「私にとっての**意味**の在り方（Bedeutungscharakter für mich）」、そして、否定し得ない在り方での、「他者」についての「経験」（〝実感〟）もはたらく中で、「多くの人々にとっての**意味**の在り方（Bedeutungscharakter für mehrere）」、そして、さらには、端的に言えば、すべての人にとっての**意味**の在り方（Bedeutungscharakter für alle）」がはたらく。こうしたことについて、「主体の関係性（Subjektbezogenheiten）」に基づきながら、遂には、まさに「**共同性**の内部におけること（Innerhalb der Gemeinschaft）」としての在り方を持つ、ということが、はたらく、ということが起きる（PI Ⅲ 607）。そして、まさに、一定の〈「客観性」を持つもの〈「客観的な」もの〉〉がはたらく。そして、さらには、まさに、一定の**〈「普遍性」を持つもの〈「普遍的な」もの〉〉**がはたらく。

第六節　あらためて「自己移入」をめぐって

この論稿の最後において、フッサールは、あらためて、「自我」の「発生」の「第一段階」をめぐることを、「自我」の「発生」の、「本源的」基盤であるとして、次のように問うことによって立ち返る。

「子供（幼児）」において、「客観性の立場がはたらくこと（Objektivierung）」が起きる以前においては、どのようなことがあったのか？

そして、あらためて、「自我」の「発生」の「第一段階」の、前後のことに、立ち戻り、とらえ返しを行ない、そのことを、まず、踏まえる必要がある、ということを主張している（PI Ⅲ 607）。そして、次のように、自らの主張についての、踏み込んだとらえ方を付け加えながらの確認を行なっている。

「自我」の「発生」の以前においては、「自我」との「相関」がないが故に、すべてのものは、**「ものの世界（Dingwelt）」**におけること、としての在り方を持つ。

そして、そうした「自我」の「発生」の以前の、すなわち、そのようにして、「客観性の立場」がはたらく以前においては、Ineinander. すなわち、「入り混じった在り方」としての、「地平（≠世界）がはたらき（horizonthaft）」、そして、そうした「地平」（≠「世界」）において、「入り混じった在り方」として、限定されない、ということとしての「無限性（Unendlichkeit）」がはたらく。そして、そうしたことの中において、〈「子供（幼児）」‐「母親」〉ということが、まさに、「未分化な」在り方を持つ。

しかし、やがて、「私に、他者の身体（Leib）が、第一次的な（primordial）在り方での、現われの在り方（Erscheinungsweise）の地平（≠世界）における、もの（もの的身体、Körper）として現われる。そして、他者の、もの的身体（Körper）は、他者へと自己移入を行なうことにおいての基体（Substrat）としての在り方を持つ。」

「しかし、（このようにして、自己移入が行なわれることの、それ以前においては）他者において、**身体（Leib）**〔さらに言えば、**（まさに「自我」を持った）「生命（Organ）」**〕としてとらえられるはずの、まさに身体が、もの（もの的身体、Körper）としてとらえられる、という、一面的な（besonder）とらえられ方が、与件の在り方（Gegebenheitsweisen）としてはたらく、ということが起きている。」

しかし、そうであるとは言え、「他者」が「もの的身体（Körper）」としてとらえられている、ということにおいても、既に、「他者」は、一定の在り方であるにせよ、「人間」がつくり出す「環境」（「人間の環境」）における「現われの在り方（Erscheinungsweise）」においてはたらいている。

そして、「子供（幼児）」には、「自我」はまだ「発生」以前であるとは言え、先駆的な「自我」が、まさに先駆的に「私」ということの「意識」として、次のような在り方ではたらくようになる。

その「他者」（すなわち「母親」）には、その「他者」（すなわち「母親」）にとっての一定の「領野（Feld）」の中に、この「私」が、その「他者」（すなわち「母親」）についての一定の「思い」〔一定の「意識様態（Bewusstseisweisen）」〕を持つ者として「現われている」。そして、その「他者」（すなわち「母親」）は、この「私」が「その他者（すなわち「母親」）をめぐって表現したこと（was ich von ihm sagte）」を、「私」が持つ「思い」としてとらえている。そして、「私」が持つ「思い」を、その「他者」（すなわち「母親」）は、自らの「思い」（「意識様態」）において、踏まえている。

こうしたことの中で、**「私」ということの「意識」が形成されていく**中で、「子供（幼児）」において、「自我」の「発生」の「第一段階」が起きる。「自我」の「発生」の「第一段階」については、繰り返し、次のように述べることができる。

「子供（幼児）」は、「母親」を、自らの〝外〟（「外部」）の、言わば、自らの「鏡像」のようにとらえる。そして、自らの「固有な身体」を持つということ、そして、そのことの在り方を、映し出しているかのようにも、とらえ、自らが「固有な身体」を持ち、自らにとって「固有な」在り方を持つことを、確認する、ということが起きる。そうしたことから、自らの「身体」と自らの〝外〟（「外部」）ということの「相関」がはっきりと分かることによって、「自我」の「発生」が、「第一段階」として起きる。

　そして、こうした、「母親」との「かかわり」の中で、「母親」を「固有な身体」においてとらえ、自らも「固有な身体」を持つ、ということにおいてとらえることが起きることにおいて、「子供（幼児）」には、「母親」に対する「自己移入」（「最初の自己移入」）がはたらく。そして、さらには、自らが持つ様々なことについて「自己移入」を行なう。そうしたことにおいて、まさに、「自我」の「発生」の「第一段階」が展開する。そして、このことの、さらなる展開として、さらには、「私」にとっての「現われの在り方」に基づき、あらゆる「他者」について、「自己移入」においてとらえる、ということが起きる。

　そして、そうしたことにおいては、あらゆる「他者」について、「経験」（〝実感〟）によって、まさに、〝実在性〟を「経験」（〝実感〟）においてとらえる、ということが伴なう、という在り方で、「客観性」においてとらえる、ということが起きている。

　フッサールは、このように、「自我」の「発生」の「第一段階」、とその展開について、繰り返し述べ強調している。

　しかし、そのように、繰り返し述べ強調することによって、「子供（幼児）」における「自我」の「発生」の

「第一段階」をめぐることは、「自我」の「発生」の「第二段階」の、まさに基盤である、ということを述べようとしている。すなわち、フッサールは、むしろ、「自我」の「発生」の「第一段階」にはとどまることができない、ということを言わんとしている。すなわち、そうした「第一段階」以上のことを言わんとしている。

しかし、「自己移入」については、それが、はたらき続けることについて、次のことを述べることができる。**「人間」には、「自己移入」を行なうことが、自らの一定の基盤として、一方において、生涯、はたらき続ける。しかも、さらに、まさに展開した在り方で、はたらき続ける。**

このようにして、フッサールは、「最初の自己移入」が、「本源的な」在り方で、「自我」の「発生」の「第一段階」をめぐることとして、まさに行われた、ということを、繰り返し述べ、強調する。そして、フッサールは、こうしたこととしての「最初の自己移入」を、「他者」が「鏡像」のようにはたらくこととして、**Spiegelung（「鏡映」）**という言い方をしている（PI Ⅲ 608）。そして、さらに言えば、そもそも「自己移入」ということを、「他者」が「鏡像」のようにはたらくこととして、**Spiegelung（「鏡映」）**という言い方をしている。

そして、フッサールは、結局、この論稿の最後を、次のような主張で終えている。「自己移入」が、「鏡映（Spiegelung）」ということとして、「人間」の生涯において、「私」としての「自我」と「他者」ということの「相関」において「交互的に（wechselseitig）」限りなく行なわれる。ただし、「自己移入」が行なわれるのは、基本的には、〝内的〟であることによって「潜在性（Potentialität）」としての在り方（言い換えれば、「志向性がはたらく中での含蓄（志向的含蓄、intentionale Implikation）」とも言うべき在り方）「だけ（nur）」においてである。

フッサールのこの主張からは、次のことが問われる。

それでは、**〝内的〟であることによって「潜在性」におけることであるのではなく、まさに「顕在性」におけることとして、行なわれることは、何か?**

その答えは、この論稿の中で、はっきりと述べられていた。

この問いの答えは、**「言語」に基づく「コミュニケーション」**である。すなわち、**「言語的コミュニケーション」**である。

そして、あらためて述べるならば、フッサールは、結論として、まず、次のことを述べている。「鏡映」としての「自己移入」は、「私」としての「自我」と「他者」との「相関」において、どのようにせよ、「顕在性」におけることの基盤とも言える在り方で、絶えず、行なわれる。すなわち、「自己移入」は、そのようにして、「潜在性」としての在り方とは言え、「繰り返し行なわれること(Iteration)」としての在り方で「まさに行なわれ続ける(Eben das geht so weiter)」。

こうして、フッサールは、「自我」の「発生」の「第一段階」をめぐることとしての「自己移入」が、「人間」において、その「潜在性」において、はたらき続ける、ということを強調している。

そのようにして、フッサールは、「自我」の「発生」は、「第二段階」を「自我」の〝実現の〟段階とする、というようにして、「第二段階」が決定的な在り方を持つとは言え、「第一段階」は、〝終わってしまった〟のではなく、「第二段階」の基盤として、絶えず、はたらき続け、しかも展開した在り方で、はたらき続ける、ということを言わんとする。

そして、「自我」の「発生」の、「第二段階」、すなわち「自我」の〝実現の〟段階について、次のように述べることができる。

「言葉」（さらには「言語」）に基づくこと（まさに、そうした在り方での「言語的コミュニケーション」）が、はたらくようになる、ということは、「自我」の「発生」の新たな段階、すなわち、「第二段階」であり、まさに、「自我」の〝実現の〟段階である。

そして、次のことを述べることができる。

「自我」の「発生」の「第二段階」（「自我」の〝実現の〟段階）におけること、すなわち、「言葉」（さらには「言語」）に基づくこと（そうした在り方での「言語的コミュニケーション」）は、「人間」において「顕在性」において、「自我」に、まさに「統合性」をはたらかせる。

こうしたことによって、フッサールが、さらに言わんとすることは、どのようなことか？

「統合性」においては、一定の〈「普遍性」を持つもの（「普遍的な」もの）〉がつくり出され、それがはたらく、ということとして「普遍性」の立場がはたらく。「人間」に究極的に求められることについて、次のようなことを述べることができる。

どのようにせよ、「普遍性」の立場がはたらくことによって、すなわち、共通に基づく、一定の〈「普遍性」を持つもの（「普遍的な」もの）〉がつくり出され、それがはたらく、ということとして「普遍性」の立場がはたらくことによって、むしろ、それぞれの「個人」は、まさに具体的「モナド（＝主体）」として、さらに言えば、そのようにして、まさに「事実的」存在として、生きる。

それでは、一定の〈「普遍性」を持つもの（「普遍的な」もの）〉、すなわち、まさに「普遍性」として、はたらくことは何か？

フッサールが行なった議論の脈絡からは、とりわけ、次のことを述べることができる。

互いに「自己移入」をはたらかせ合う者同士であり、そして、互いに「言語的コミュニケーション」を行ない合う者同士である、ということとしての**「公正」**であり、その「概念」としての「理念」であり、そうしたことに基づく**「規範」**である。

結論 「普遍性」の立場へ

繰り返し、フッサールの、「自我」の「発生」をめぐる主張について、とらえ返しておきたい。

「子供（幼児）」は、まず、〈子供（幼児）‐母親〉ということの「人間の環境」と「未分化」という在り方を持つ「先‐自我」であり続ける。しかし、やがて、自らと、自らの〝外〟（「外部」）との「相関」に気づき、先駆的な「自我」の「発生」が起きる。

そして、「子供（幼児）」において、「母親」の「身体」を、「母親」という「他者」に「固有な身体」としてとらえることが起き、さらには、どのようにせよ、自らをめぐる「鏡像」のように、とらえることが起きる。そして、そのことにおいては、自らが、まさに「固有な身体」を持つことに気づくことが起きている。そして、さらに、自らが「固有な身体」を持つのと同様に、「他者」の、誰もが「固有な身体」を持つ、ということを踏まえることが起きる。そのことを前提として、自らが、「自我」を持つということ、さらに、自らが持つ様々なことについて、あらゆる「他者」に「自己移入」させることに基づいて、「他者」をとらえる、ということが起きる。こうしたことにおいて起きる「自我」のはっきりとしたはたらきとして、「自我」の「発生」の「第一段階」が起きる。この段階においては、「母親」に自らを強く「結び付ける」「欲望」がはたらいている。

そして、〈子供（幼児）‐母親・父親〉という三者の関係における〝確執〟が、一定の仕り方で意識される時期がやって来るが、この時期には、「言葉」（さらに言えば「言語」）の「体系」を習得することが起きている。そして、「子供（幼児）」は、「言葉」（さらに言えば「言語」）に基づく「コミュニケーション」、すなわち「言語的コミュニケーション」をはっきりと始める。こうしたことにおいて、「自我」の「発生」の「第二段階」（〝自我〟の〝実現の〟段階）が起きる。そして、さらに言えば、次のことが起きる。

「言葉」（さらに言えば「言語」）の「体系」の習得は、**「文化性」**としての在り方で、「子供（幼児）」において、「主体」（＝「モナド」）においての「統合性」として、はたらくようになる。

そして、**「統合性」**の実質として、まさに、次のことが起きる。

一定の〈「普遍性」を持つもの（「普遍的な」もの）〉に基づく、ということ、さらには、それを、つくり出し、はたらかせる、ということとして「普遍性」の立場がはたらく。

そして、この場合の〈「普遍性」を持つもの（「普遍的な」もの）〉の一定の代表は、**「規範」**である。

そして、「普遍性」の立場がはたらくことによって、すなわち、共通に基づく、そうした立場がはたらくことによって、それぞれの「個人」は、むしろ、まさに具体的「モナド（＝主体）」として、まさに「事実的」存在として、生きる。

註

1 Uranfangは、分かり易さからは、特に「原初的端緒」と訳した方がよいが、以後においては、慣用的な訳としての「原的端緒」を、訳として採用した。

2 晩年のフッサールは、「地平」という用語を、多くの場合において、「世界」と、ほぼ同義で使っている。

3 Ursinnは、分かり易さからは、特に「原初的意味」と訳した方がよいが、ここでは、慣用的な訳としての「原・意味」という訳を、優先した。

4 lebendigは、フッサールの用語としても、「生き生きとした」という曖昧さを持った訳が、慣行となっているが、後期フッサールにおいて、Lebenswelt、すなわち「生活世界」が主題化されていることにおいて、lebendigは、もはや、「自我」がはたらく「主体」（＝「モナド」）の「生活世界」においての「生活(Leben)」ということを含みとしていると言わざるを得ないが故に、このように「生活的」と訳した。

5 後期フッサールは、しばしば、「歴史」について言及するが、多くの場合において、次のような使い分けを行なっている。〝生命的奔流〟に基づく〝生命〟の「歴史的」展開という含みで、「歴史」について述べる場合に、Geschichiteという用語を使い、「文化性」に基づく「社会」の「歴史」、さらに言えば、そうしたこととしての、〝人々〟（「われわれ」）の「歴史」について述べる場合、Historieという用語を使う。そして、「自然」についてであっても、記述的説明の内容が問われる場合、やはり、Historieという用語を使う。

6 後期フッサールは、こうした〝人々〟について、「われわれとしての人間(Wir Menschen)」、端的に「われわれ(Wir)」などと言った言い方をしている。

7 浜渦辰二氏は、primordialは、primus + ordoに由来するのではなく、primordium すなわち、primus + ordiniに由来するので、「第一次的」ではなく、「原初的」または「始原的」と訳すことが適切であるということを指摘されている。『現象学辞典』（木田元他監修）、P.137r.

8 こうした「自己移入」の仕組みについての主張は、よく知られているように、とりわけ『デカルト的省察』において述べられた。『デカルト的省察』は、よく知られているように、とりわけ「相互主体性（相互主観性）」を主題として、１９２９年に、原稿が完成し、講演として発表され、１９３１年に出版された。

9 Erscheinungの「現象学」用語としての定訳は、「現出」であるが、この場合、「他者」をめぐる議論として展開していく文脈において、分かり易く、「現われ」と訳した。

第三章　１９３３年９月の論稿『普遍性の目的論（普遍的目的論）』をめぐって

――「発生的現象学」の基盤――

序　「欲動」の主題化に向けて

「人間」としての、それぞれの「主体」（＝「モナド」）に、〝生命的奔流〟（「欲動」）がはたらく、という、まさに〝生命的な〟ことは、言い換えれば**「生物的な」こと**であり、さらに一定の含みを込めて**「動物的な」こと**という言い方ができる。こうしたことにおいて、フッサールは、個々の、「人間」としての、それぞれの「主体」における「個体発生的な」ことについて、「生物的に」（さらに一定の含みを込めて「動物的に」）「系統発生的な」ことと〝重ね合わせて〟とらえることが求められる、という主張をもしている。

そして、フッサールは、「人間」としての、それぞれの「主体」の、そうしたこととしての、「自然的」在り方において、「欲動」が、端的に、どのようにせよ「性欲動」であることによって、それぞれの「主体」において、「根源的に」、どのようにせよ（どのような次元においてにせよ）「相互性」（さらに言えば「共同性」）をはたらかせる、ということを主張する。

フッサールは、既に述べたように、「自我」の「発生」をめぐって、端的に、次のことを主張する。「子供（幼児）」には、自らに〝外〟（「外部」）がある、ということについて気づくことにおいて、「他者」を踏まえるようになることによって、先駆的な「自我」の「発生」が起きる。そして、フッサールは、具体的な「相互性」の始まりとして、とりわけ〈子供（幼児）‐母親〉ということをとらえる。

そして、フッサールは次のことを述べる。そして、次のことにおいて着眼していることには、フロイトと接点がある。

その「関係」においては、「子供（幼児）」が自らの「身体」を、まさに自らのものとしての「固有な身体」においてとらえることが起きる。そして、「母親」に「自己移入」をはたらかせることが行なわれる中で、「自我」の「発生」の「第一段階」が起きる。そして、さらには、〈子供（幼児）‐母親・父親〉という三者の、一定の〝確執〟をも伴なう「関係」もはたらく中で、しかし、〈子供（幼児）‐母親・父親〉を一定の中心として「社会」としての「共同性」がはたらく中で、「人間」がつくり出す「環境」（「人間の環境」）において、「言葉」（さらに言えば「言語」）を「体系」として習得する、という一定の「文化性」のはたらきが始まり、そして、そのことにおいて、「自我」の「発生」の「第二段階」（「自我」の〝実現の〟段階）が起きる。そして、こうしたことにおいての「文化性」が、「主体」（＝「モナド」）において「統合性」としてはたらく。

そして、こうしたことにおいて、単に「自然的」である、ということにとどまらずに、まさに「文化性」がはたらく、ということとして、「超越論的」とされることがはたらき始める。

そして、こうしたことにおいてはたらく「言葉」（さらに言えば「言語」）を「体系」として習得する、ということにおいては、「普遍性」の立場が、はたらいている。そして、そうしたことにおいては、「規範」の立場が、はたらいている。そして、そうしたことへと向かう、ということとして、さらに、「目的」へと向かうということがはたらく。そのようにして、「普遍性ということの目的論」、すなわち「普遍的目的論」が、はたらく。

こうした「自我」の「発生」ということをめぐることの、その基盤にはたらくこととして、〝生命的奔流〟としての「欲動」は、まさに、主題化が求められる。

第一節　「欲動」とは、どういうことか？

フッサールの、１９３３年９月の『普遍性の目的論（普遍的目的論）』と題された論稿は〝題がさらに続き（ほぼ副題としてであるが）、次のように書かれている。

『相互主体としての、すべての主体（そして、それぞれの主体）に貫かれている欲動。そして、超越論的であるとみなされているもの。そして、モナド的全体としての存在』

フッサールは、この論稿において、とりわけ「欲動」について述べている。この場合の「欲動」のドイツ語の原語は、Triebである。「衝動」と邦訳されることも多い。しかし、「衝動」という邦訳では、フッサールが言うTriebが、一次的に湧き起こり、短時間において解消する〝感情のようなもの〟であるかのように、とらえられかねない。フッサールが述べているTriebは、「人間」が「人間」である、ということよりもさらに「根源的な」在り方を持ち、「潜在的に」、そして、まさに「顕在的に」はたらき続ける、〝欲する〟はたらきである。そうしたTriebは、フロイトが、Triebという用語で述べていたことと、発想において基本的に、重なる。フッサールは、Triebということを主題化することにおいて、フロイトから、一定の示唆を受けている、と言わざるを得ない。フッサールが言うTriebという用語に、フロイトが言うTriebの邦訳とされている「欲動」

を使い、議論を進めることにしたい。

しかし、Triebということをもとにしたフッサール自身の、議論の展開は、前述のように、そして、後述においても述べるように、フロイトと、その一部において一定の共通点を持つ一方において、基本的なところで、異なっている。

フッサールは、「欲動」を、**「性欲動(Geschlechtstrieb)」**、すなわち、「性」をめぐる「欲動」ということとして、とらえている(PI III 593)。すなわち、「性欲動」についてこそ、ほぼ「欲動」という言い方をしている。そうした「欲動」についてのとらえ方は、フロイトとほぼ重なる。[1]

フッサールは、どのようなことを、「性欲動」として、述べているのか?

フッサールは、「性欲動」について、次のように言わんとする。

「性欲動」は、直接的・「顕在的には」、確かに「性的交接(性的な交わり、Kopulation)」についての「欲動」である。しかし、もちろん、そのことだけにはとどまらない。「性欲動」は、「性」に伴なわれる「欲動」であり、出生以来(それどころか、母胎内での発生・成育以来[2])、生涯にわたって、直接的・「顕在的に」、そして、さらに、間接的・「潜在的に」、様々に、幅広い在り方で、はたらき続ける。そうしたことにおいて、「性欲動」こそは、端的に「欲動」という言い方ができる。

そして、フッサールは、**「欲動」(すなわち「性欲動」)**について、**「相互主体的欲動(intesubjektiver Trieb)」**という言い方をもすることによって、それが、それ自体として、「相互主体的」在り方を持つ、ということを強調している。フッサールが敢えて強調している「相互主体的」ということは、「性欲動」に「本来的に」備わっている〝様態〟である。すなわち、「性」は、どのようにせよ**「他者」にかかわる**在り方を持つ。「性欲動」は、どのようにせよ、「他者」がかかわる〝様態〟を、まったく持つ。そして、そうであるが故に、「性欲動」は、どのようにせよ、「本来的に」、「相互主体的」である。（なお、intesubjektivという表現は、「間主観的」と訳されることが多いが、既に述べたことから分かるように、この場合、端的に「主体の相互的な関係に基づく」ということを強い含みとしている。そのことから、「相互主体的」と訳した。）

ただし、実は、フッサールは、この場合の「相互主体的」在り方ということには、もう一つの意味をも込めている。それは、**「欲動」に基づく「主体」は、「両親」が行なった「生殖のはたらき」という、「本源的な」「相互主体性」を、必ず「内在している」**ということである。このことについては、別途に、後述することにしたい。

第二節　「主体」（＝「モナド」）

前述のように、フッサールは、**「性欲動」（＝「欲動」）**ということから、とりわけ、次のことを言わんとした。

「主体」は、どのようにせよ、他の「主体」にかかわる、ということをめぐる在り方を持つ。

「性欲動」（＝「欲動」）は、単に「主体」から「対象」へとはたらく、という在り方を持つのではない。そして、フッサールは、そうであるからこそ、「性欲動」（＝「欲動」）は、人間にとって「根本的な」在り方を明らかにしている、ということを言わんとする。

そして、フッサールは、こうした「相互主体的」ということについて、敢えて「超越論的」という言い方さえをもしている。すなわち、そうした「相互主体的」という在り方は、もともと、まさに「自然的」であるにもかかわらず、実は、究極的に〝非自然的な〟はたらき方をする、ということを言わんとする。

そして、フッサールは、「主体」について、やはり、基本的に、もともとライプニッツの用語である「モナド」という言い方をしている。ライプニッツが「モナド」ということで言わんとしたことは、本書の冒頭の『はじめに』において既に述べたが、フッサールは、「モナド」という用語を、「中期」以来、「主体」についての言い換えとして使い続ける。そして、この最後期における場合、はっきりと述べる必要があることは、フッサールが、**「モナド」には、「根源的に」「欲動」がはたらく**、というとらえ方をしている、ということである。

第三節　「客観性」、「普遍性」

そして、フッサールは、次のことを述べる。

「主体」（＝「モナド」）は、「主体」（＝「モナド」）にとっての「世界」を、互いに持ち合っている。「主体」（＝「モナド」）にとっての「世界」、すなわち、**「モナドたちの世界（モナド世界、Monedenwelt）」**は、「主体」（＝「モナド」）が互いに「相関的（relative）」であることに基づいている。そして、そうした「相関的」であるということとしての、「相互主体性」（さらに言えば、「共同性」）は、その在り方〔「形式（Form）」〕として、一定の〈「普遍性」を持つもの（「普遍的な」もの）〉をつくり出し、それがはたらく、ということとして、**「普遍性」の立場**をはたらかせる、という在り方を持つ。そして、そのようにして起きる「普遍性」の立場がはたらく、ということとしての「発生（Entwicklung）」を、**「普遍性の発生（universale Entwicklung）」**という言い方ができる。（ここでは、Entwicklungを、「発生」と訳した。「発生的現象学」において、まず主題としている、Genesisとしての「発生」と、邦訳として重なってしまうが、Entwicklungとしての「発生」も、「発生的現象学」において扱われる「発生」ということの主要な一面であると言えるが故に、敢えて「発生」と訳した。）

このようにして、フッサールは、次のことを言わんとする。

「モナド世界」は、「主体」（＝「モナド」）同士が持つ、「相関的」である、という在り方において、そのようなこととして「相互主体性」（さらに言えば、「共同性」）としての在り方を持つ。

そして、さらに、そのことにおいては、**「互いに相手を伴ない合うこと（Miteinander）」**、さらには**「互いに相手が自らの中においてはたらき合うこと（Ineinander）」**が、はたらく。そうしたことにおいて、どのようにせよ、一定の〈「普遍性」を持つもの（「普遍的な」もの）〉をつくり出し、それがはたらく、ということとして、「普遍性」の立場がはたらく、ということが起きる。

そして、フッサールは、次のように述べている（PI Ⅲ 593）。

そうしたことにおいて、「普遍性」の立場は、「主体」（＝「モナド」）において、**「統合性（Einheit）」**をはたらかせる。

そして、フッサールは、それぞれの「モナド」にはたらく「モナド世界」について、さらに、次のようなことを述べている（PI Ⅲ 593）。

「「モナド世界」は、それぞれの「自我に基づく主体（自我主体、Ichsubjekt）」に伴なわれる在り方において、「志向性がはたらくことによって構成されることに基づいて（intentional konstituiert）、客観性の世界（客観的世界、objective Welt）としての在り方を、持つ。」そして、「モナド世界」は、「そうしたことにおいて、さらに、時間的展開に基づく世界（時間 - 世界、Zeit-Welt）としての在り方を持つ。」

すなわち、フッサールは、次のことを述べている。

それぞれの「モナド」にはたらく「モナド世界」は、そのようにして、端的に、「客観性の世界」としての在り方を持っている。そうした「客観性の世界」においては、「自我に基づく主体（自我主体）」が「志向性を」はたらかせることによって」、「客観性」がはたらく、ということの中で、さらに、「時間（過去、現在、未来）のはたらき（時間性）に基づく世界」としての在り方が、つくり出されている。そして、そうしたことにおいて、それぞれの「自我主体」は、（自らの、そして「他者」の）「モナド」ということの〝実在性〟としての「客観性」をも、「経験」（〝実感〟）において確信する、という在り方において、まさに、そうした「客観性の世界」の「中に入り込んで生きている（hineinleben）」。

そして、こうしたことから、次のことを述べることができる。

「客観性」は、次の二つのこととしての在り方を持つ。そして、そのようにして、「普遍性」をはたらかせる。

(1)「主体」（＝「モナド」）が「相関的」であることにおいて、「同意（合意）」に基づいてつくり出されている「客観性」。

(2)「時間性」に基づいて、「経験」（〝実感〟）において確信する〝実在性〟としての「客観性」。

第四節　「普遍性の目的論（普遍的目的論）」

そして、フッサールは、「最も主題的なこととして（zuhöchst）」、次のことを述べている（PI Ⅲ 593）。

「客観性の世界」は、「時間の経過（Gang）」において、「モナドとしての在り方で（monadisch）」「世界に基づく（weltlich）」という「人間の在り方（Humanität）」に基づきながら、「経験」（〝実感〟）において確信する、ということを伴なう「つくり出し（Konstitution）」によって、まさに「存在している（seined）」。

この場合の「人間の在り方」について、さらに、次のように述べることができる。

この場合の「人間の在り方」は、「モナドたちの全体に基づくという在り方(Sein der Monadentotalität)」ということである。そして、そうしたことにおいては、一定の〈「普遍性」を持つもの（「普遍的な」もの）〉をつくり出し、それがはたらく、ということとして、「普遍性」の立場がはたらく。

そして、そうした「人間の在り方」について、次のようなことを述べることができる。

それぞれの「主体」（＝「モナド」）は、「自己意識(Selbstbewusstsein)」へ「絶えず向かおうとする(strömend)」。そのことは、「終わりなき高まり(unendliche Steigerung)」としての在り方を持つ。そして、「自己意識」においては、一定の〈「普遍性」を持つもの（「普遍的な」もの）〉をつくり出し、それがはたらく、ということとして、「普遍性」の立場がはたらくが故に、「普遍性」の立場が、「主体」（＝「モナド」）ということの、一定の**「目的」**としてはたらく。すなわち、「主体」（＝「モナド」）には、端的に、そのようにして「普遍性」がはたらく、という在り方を持つ、ということが、「目的」として、はたらく。さらに言えば、そのことが、「統合性」としてはたらく、ということが「目的」としてはたらく。すなわち、そのことには、そうした「目的」へと向かう立場、すなわち、**universale Teleologie、すなわち、「普遍性の目的論（普遍的目的論）」**がはたらいている。そして、そのことには、さらに、既に述べたように、〝「経験」（〝実感〟）において確信する〟という在り方での〝実在性〟としての「客観性」が伴なわれ、そのことは、そのような在り方でこそ、まさに「存在し(seiend)」、はたらき続ける。

第五節　「欲動のはたらき方」

フッサールは、そのようにして、「普遍性の目的論（普遍的目的論）」が、〳〵実在性〳〵としての「客観性」を伴ないながら、はたらく、ということにおいて、そのことを〳〵はたらかせる〳〵という在り方でそのことを貫いて「奔流」（〳〵生命的奔流〳〵）のようにして、はたらくものこそを、**「欲動」**と呼ぶ。そして、そのことを、既に述べたように、端的に、**「性欲動」**として、とらえている。そして、フッサールは、繰り返し、「性欲動」を、「欲動」それ自体と重ねてとらえた上で、次のことを述べている (PI Ⅲ 593)。

「性欲動」（＝「欲動」）には、それが直接的・「顕在的」在り方ではなくどれほど間接的・「潜在的」在り方においてはたらこうとも、どのようにせよ「生殖 (Zeugung)」をめぐることがはたらいている。すなわち、「性欲動」（＝「欲動」）は、「生殖をめぐることの内実 (das Interne der Zeugung)」という在り方を持つ。

そして、次のことを述べることができる。

㈠

「生殖」をめぐることは、「他者」へと向かう、という在り方を持つ。そして、すなわち、「性欲動」（＝「欲動」）は、その「根源的な」在り方として、「他者」へと向かう、という在り方を持つ。そして、「主体」（＝「モナド」）は、「性」に基づく、という在り方を持つことによって、「主体」（＝「モナド」）自身もまた、「他者」へと向かう、という在り方を持つ。

こうしたことにおいて、自分と同様に、「他者」においてもまた、「他者」へと向かう、という在り方が、はたらいている。そして、次のことを述べることができる。**「性欲動」（＝「欲動」）は、「個体 (Individuum)」**

としての「個人」ごとにはたらくが、「本来的に」、どのようにせよ、「他者」との間において「はたらき合う欲動（Wechseltrieb）」という在り方を持つ。

㈡

「生殖」をめぐることは、充足することへと向かうが、充足し切る、ということはない。次のような比較を行なうことができる。たとえば「食欲」（という「欲求」）の場合、「空腹」としての「飢え」という一定の「欠落」が「食べ物」へと向かう。すなわち、食べることへと向かう。そして、何か一定の「食べ物」を食べることによって充足する。すなわち、端的に、食べることによって充足する。そして、そのような在り方が決まっている。すなわち、「食欲」は、一定の対象に向けての、一定の欠落を埋めるという在り方を持った特定の行為によって、そうした特定の在り方で充足する。そのようにして、その在り方を「規定する」ことができる。すなわち「規定的（bestimmt）」である。そのようにして、「食欲」は、「規定的な飢え（bestimmter Hunger）」としての在り方を持つ。それでは、「性欲動」としての、まさに「欲動」の場合は、どうなのか？（PI Ⅲ 5f.3）「性欲動」（＝「欲動」）は、「食欲」のような一定の〈もの〉をめぐって一定の欠落を埋めるという在り方で充足する、というような在り方とは、はっきりと異なり、どのようにせよ、**「他者」へと向かい続ける、という在り方**を持つことを、決定的な特徴としている。そうであるが故に、既に述べたように、「性欲動」（＝「欲動」）は、やはりもちろん、充足することへと向かうにせよ、充足し切る、ということはない。そして、どのようにせよ、**「他者」へと向かう、ということは、充足せずに、まさに、はたらき続ける。**そして、「性欲動」（＝「欲動」）は、どのようにせよ、「他者」へと向かう、ということにおいて、その在り方は、直接的・「顕在的」であることにとどまらず、様々に、間接的・「潜在的」であり、そして、極めて間接的・「潜在的に」、背景的な在り方で、はたらく、ということも多く、特定できる在り方をしていない。そのようにして、「性欲動」（＝「欲動」）は、その在り方が「決まっている」という言い方はできない。「無規定的（unbestimmt）」である。すなわち、「性欲動」（＝「欲動」）は、「無規定的な飢え（unbestimmter Hunger）」としての在り方を持つ。

(三)

「性欲動」（＝「欲動」）は、「主体」（＝「モナド」）が、「生殖」を行なうことができる「個体」に成長する以前においても、様々に独特な在り方で、まったくはたらき続けている。

そして、「性欲動」（＝「欲動」）は、「生殖」を行なうことができる「個体」に成長する、はるか以前における、「先-自我」においては、とりわけ、「母親」に〝愛着する〟強い「欲求」として、基本的に、直接的・「顕在的に」、はたらいている。そして、「自我」の「発生」の「第一段階」においてはとりわけ、「母親」への「欲望」として、基本的に、直接的・「顕在的に」、はたらく。そして、そのことは、「自我」の「発生」の「第二段階」においては、「抑圧」され、間接的・「潜在的に」はたらく、というように変わる。

そして、「性欲動」（＝「欲動」）は、「生殖」をめぐってはたらき、「生殖」を行なうこと＝「生殖」行為（「性的交接（性的な交わり）」）を行なうこと、さらには、子供ができること、子供が生まれること、によって一定の在り方で〝充足する〟が、しかし、そのことには、とどまらない。

「性欲動」（＝「欲動」）は、その直接的・「顕在的」一面においては、まさに「生殖」行為をめぐって、「他者」へと向かう。しかし、そのことは、「性欲動」（＝「欲動」）において、まったく基本的なことであるとは言え、あくまでも一面である。しかし、一面であるとは言え、そうしたことを、「性欲動」（＝「欲動」）をめぐることにおいての、一定の〝頂点〟のこととして、とらえることができる。

そして、「生殖」行為をめぐることとこそは、端的に、「根源的な」こととしての既に述べた次のことを、とりわけ明らかにしている。

「性欲動」（＝「欲動」）には、どのようにせよ、「他者」へと向かう、ということがはたらく。そうであることによって、「主体」（＝「モナド」）は、「他者」へと向かう。

第六節　「欲動共同性」

フッサールは、「性欲動」（＝「欲動」）について、さらに、次のようなことを述べている(PI Ⅲ 593f.)。

「自我」の「発生」の「第二段階」以降の「成長（成熟）」において、やがて、「性欲動」（＝「欲動」）が直接的・「顕在的に」はたらく、ということとして、「性欲動」（＝「欲動」）の一定の〝頂点〟となることは、端的に言えば、「生殖」行為を行なうこと（「性的交接（性的な交わり）」）である。しかし、その一定の〝頂点〟となることであるとは言え、「性欲動」（＝「欲動」）がはたらくことにおいて、限られた部分である。しかし、そうではあるが、そのことは、「性欲動」（＝「欲動」）がはたらくということについて、まさに一定の〝頂点〟として、その「根本的」在り方を、明らかにしている。そして、「性欲動」（＝「欲動」）がはたらく、ということの「根本的」在り方について、あらためて、次のようなことを述べることができる。

「性欲動」（＝「欲動」）には、「他なるもの」としての、まさに「他者」との「かかわり（Bezogenheit）」がはたらく。さらに言えば、「性欲動」（＝「欲動」）には、「他者」と、**どのようにせよ「結び付く（korrelativ）」**ということを、〝強い〟一面として、どのようにせよ、「他者」との「かかわり」がはたらく。

そして、次のようなことをも、述べることができる。

「他者」と、どのようにせよ「結び付く」ということは、「他者」との「かかわり」の「根源的な様態(Urmodus)」であるが、そうした、「他者」との「かかわり」においては、その「基本的」在り方から「変容した様態(Abwandlungsmodus)」として、場合によっては、たとえば、「我慢(Enthaltung)」に基づく「様態(Modus)」や「嫌悪(Widerwille)」に基づく「様態」等々もはたらく。そして、そうしたことにおいても、実は、「性欲動」(=「欲動」)は、「他者」との「かかわり」の、一定の〝極限的な〟在り方を明らかにしている。

そして、「性欲動」(=「欲動」)は、まさに様々な「様態」ではたらくが故に、その全体像においては、固定的には「様態化されていない(unmmodalisiert)」非限定的な在り方を持つ。しかし、「性欲動」(=「欲動」)の、「根源的な」在り方として、繰り返し、次のことを述べることができる。

「そのつど、他者の中へと向かおうとする、という在り方ではたらいている。」

このことについて、次のように述べることができる。

「性欲動」(=「欲動」)には、そのような在り方で、**「志向性」**がはたらく。そして、そうした「志向性」を、**「欲動志向性(Triebintentionalität)」**と呼ぶことができる。そして、次のことを述べることができる。

それぞれの「主体」(=「モナド」)においては、そのようにして、どのようにせよ「欲動志向性」がはたらいている、ということによって、それぞれの「主体」(=「モナド」)は、互いにおいて、どのような在り方にせよ、「他者」への「かかわり」が、まさに、はたらく。そして、さらに、〝強い〟一面としては、互いにどのようにせよ「結び付く」、ということがはたらく。

そうしたことについて、次のように述べることができる。

そのようにして、**「欲動共同性（Triebgemeinschaft）」**が、人々（「われわれ」）には、はたらく。そして、こうした「欲動共同性」ということは、「主体」（＝「モナド」）たちにおいて、そうした在り方において「本源的に」、はたらく。そして、そのようにして、**「欲動共同性」は、次のことを、それに対しての基盤としての在り方を持つことによって、まさに、はたらかせる。〈「普遍性」を持つもの（「普遍的な」もの）〉をつくり出し、それがはたらく、ということとしての「普遍性」の立場がはたらく。**

第七節　「性的人間」

ただし、フッサールは、「性欲動」（＝「欲動」）の「根本的な様態」（「根本性（Primordialität）」）ということをめぐって、次のようなことを述べている（PI Ⅲ 594）。

繰り返し確認したように、「性欲動」（＝「欲動」）は、「充足」し切ることはない。しかし、「性欲動」（＝「欲動」）は、「充足」し切ることはないにせよ、「根本的な様態」において、絶えず「充足へと向かう」。すなわち、そうしたことにおいて、さらに、次のことを述べることができる。

一定の二人の者、すなわち、一定の二人の「主体」（＝「モナド」）において、それぞれにはたらく「性欲動」（＝「欲動」）の、「根本的な様態」に基づき、どのようにせよ、言わば**「互いに相手が、自らの中においてはたらき合う、ということ（Ineinander）」**に基づき、「欲動共同性」がはたらくことを基盤として、一定の〈「普遍性」を持つもの（「普遍的な」もの）〉をつくり出し、それがはたらく、ということとしての「普遍性」の立場がはたらくことによって、「主体」（＝「モナド」）においての**「統合性（Einheit）」**がはたらく。

そして、この場合の、「互いに相手が、自らの中においてはたらき合うということ」がはたらく、ということにおいて、次のようなことが起きている。

それぞれの「主体」（＝「モナド」）において、**「私の世界性（meine Weltlichkeit）」**がはたらく。

そして、こうしたことを、「人間」が、「自我」の〝実現〟に基づいて、まさに「人間」としての在り方を持って以降において、「最大限の根源性における（in grösster Ursprünglichkeit）」こととして、述べることができる。そして、そうしたことを含みとして、「人間」は**「性的人間（geschlechtlicher Mensch）」**である、という言い方ができる。

そして、「性的人間」ということについて、あらためて、次のように述べることができる。

「性欲動」（＝「欲動」）が、その「根本性」の在り方においてはたらき、「他者へと向かう」在り方を持ち、そのことに基づく「欲動共同性」（としての「根源的な」「共同性」）がはたらく、ということを基盤として、一定の〈「普遍性」を持つもの（「普遍的な」もの）〉をつくり出し、それがはたらく、ということとしての「普遍性」の立場がはたらく、ということに基づく「主体」（＝「モナド」）。

そして、〈「普遍性」を持つもの（「普遍的な」もの）〉をつくり出し、それがはたらく、ということとしての「普遍性」の立場がはたらく、ということが、自分において起きているのと同じように、「他者」にも起きていると、とらえる、ということが、「欲動共同性」（としての「根源的な」「共同性」）に誰もが基づく、ということに、どのようにせよ、「自覚的」である、ということを背景として起きる。

そして、そのことにおいては、**自らが自らの「固有な身体」を持つという在り方をもとに、「他者」も、同様に「固**

有な身体」を持つと、とらえ、踏まえる、ということに基づいて、「他者」に自らにおけることを当てはめる、ということによって、「他者」をとらえる、ということとしての、「自己移入」が、「現勢的に（それぞれの当該の事例に則して、aktuell)」、行なわれる。

そして、「自己移入」は、どのように**日頃、〝秘められている〟在り方を持つ事柄**についてであろうとも、そうしたことについても、まさに、はたらく。そして、そのようにして、まさに、「性欲動」（＝「欲動」）をめぐることについても、「自己移入」が、はたらく。

そして、フッサールは、このようにして、「人間」には、「性欲動」（＝「欲動」）が、そのことにおいての「根本性」をはたらかせながら、はたらく、ということを主題化することに基づいて、次のことを述べている。

「人間」について、「〝より高度な〟動物」という言い方をもする必要がある。

（フッサールが、animalisch という用語と、tierisch という用語を、使い分けていることにおいての、含みが分かるように、tierisch を「動物の」と訳す一方において、animalisch は、「〝より高度な〟動物の」と訳した。そのようにして、フッサールが、「動物」と「〝より高度な〟動物」を、共通に「動物」ではあっても、一方で、はっきりと区別していることが、分かるようにした。より高度な、という言い方に、〝 〟を付したのは、独特な含みがはたらく、ということについて分かり易くするためである。）

そして、〝より高度な〟という含みがはたらくことについて、とりわけ、次のように述べることができる。

「自己移入」がはたらき合い、そのことに基づいて「互いに相手を伴ない合い（miteinander)」「互いにかかわり合う（交流し合う verkehrend)」、ということが行なわれる。すなわち、「欲動志向性」を、そのよう

な在り方で、はたらかせ合うことが行なわれる。すなわち、「欲動志向性」が、そのような「根本性」において、まさに、はたらく。

そして、「人間」について、あらためて、次のように述べることができる。

「人間」は、そのような在り方で〝より高度な〟在り方を持った、〝より高度な〟「動物」である。

そして、フッサールは、次のように、述べている。

> われわれは、互いを同じく「人間」であるととらえる「他者についての知覚(Fremdwahrnehmung)」を行ない合い、さらに踏み込んで、互いを同じく「〝より高度な〟動物」としての在り方で「自らの世界を持つ(weltlich)」ということの「表象をすること」としての「世界表象(Welt vorstelleng)」を行ない合う、ということに基づいて、それぞれの「主体」(=「モナド」)において、**「人類」という「類(Spezies)」**の「動物」であるという、自らをめぐる「経験」(〝実感〟)に基づく「自己意識」がはたらく。
>
> そして、こうしたことにおいて、「欲動志向性」が、まさに「他者」へと向かう、ということとしてはたらいている。そして、「欲動志向性」が、まさに「互いにはたらき合う」という在り方で、はたらいている。さらに言えば、「欲動志向性」が、そのような在り方での「欲動共同性」をつくり出す、という在り方で、はたらいている。そして、そのことは、間接的・「潜在的な」在り方ではたらきながらも、次のことの基盤となる。

どのようにせよ、端的に、直接的・「顕在的な」在り方で、一定の「共同性」をつくり出す。

第八節　「自然的なこと」と〝非自然的なこと〟

フッサールは、さらに、次のように述べる。

「欲動志向性」が、「他者」へと向かい「互いにはたらき合い」、「欲動共同性」をはたらかせ、そのことを基盤として、どのようにせよ、直接的・「顕在的な」在り方で、一定の「共同性」をつくり出す、ということについて、「欲動志向性」が、**「性的であるが故に社会的に(geschlechtlich-sozial)」**（PI Ⅲ 594）はたらく、という言い方ができる。

そのことは、敢えて言えば、次のように言い換えることができる。

「性的」という在り方での、まさに「自然的」であることがはたらく、ということは、一方において、実は、〝非自然的〟であることとしての「社会的」であることが、つくり出される、ということである。

そして、次のように述べることができる。

「社会的な」ことについては、その「前段階(Vorstufe)」としての「自然的な」ことが問われる。言い換えれば、「主体」(=「モナド」)たちにおいての「世界構成(Weltkonstitution)」が、「社会的に」「充分に形成される(ausgebildet)」以前の、その基盤が、問われる。

そうした基盤におけることについて、端的に、やはり、次のような言い方をする必要がある。

「人間」は、まだ「理性的存在」としての「人間」ということには〝達していない〟。

このようにして、「主体」(=「モナド」)たちが「社会的」であることについての問いは、「理性」にとっての「原理」(〝理性的原理〟)についての問いにとどまることはできない。さらに、その基盤が問われる。

フッサールがこのように述べることからは、次のような議論を行なうこともできる。「社会」についての問いは、ともすると、「理性」にとっての「原理」(〈理性的原理〉)についての問いであった。たとえば、「社会契約」の「原理」、「黙契」の「原理」、「功利性」の「原理」、「義務」の「原理」、「人倫」の「原理」等々である。しかし、**そもそも、「人間」が「社会的」であること、すなわち、どのようにせよ「共同性」については、その「根源性」としての「発生的基盤」と言うべきことが問われる。**

第九節　〈子供(幼児)‐母親・父親〉をめぐって

そして、フッサールは、さらに、次のことを述べている(PI Ⅲ 594)。

「私は、次のことに関しての問題(Probleme)について考えている。両親(Eltern)、そして、まず、何よりも、母親と子供(幼児)(Mutter und Kind)についてのことである。この問題は、実は、性的交接(性的な交わり)に関しての問題系との連関において生み出されている(im Zusammenhang der Kopulationsproblematik erwachsen.)。」

フッサールは、このように述べることによって、既に述べたような「欲動共同性」についての議論をめぐっては、「主体」(＝「モナド」)の一定の「発生的」段階におけることとして、「子供(幼児)‐母親」についての議論にも踏み込む必要がある、ということを、あらためて、述べている。しかし、このことについて、フッサールは、既に述べたが、結局、〈子供(幼児)‐母親・父親〉という三者の関係における一定の〝確執〟とそのことをめぐる一定の「抑圧」がはたらく、ということまでは述べるにしても、フロイトが言う「エディプス・コンプレックス」をめぐる「抑圧」、ということについての議論に踏み込む、ということはしない。そのようにして、フッサールは、フロイトの主張から示唆は受けながらも、一線を画し、結局は、「普遍性」の立場の主張へと向かう。しかし、フッサールの主張におけるフロイトの主張と重なる一面については、既に述べたように、後に、メルロ・ポンティが、その継承・展開をめざすべきことである、として主張する。[3]

フッサール自身は、どのような主張へと向かったのか？

フッサールは、次のように述べている（PI Ⅲ 594）。

「性欲動」（＝「欲動」）については、さらに、それが「体系」をつくり出している、ということも述べる必要がある。そうした「欲動がつくり出す体系（欲動体系（Triebsystem））」は、それぞれの「主体」（＝「モナド」）においての、まさに「根本性（根本的なもの、Primordialität）」としての在り方を持つ。[4]

そして、「欲動体系」は、「本源的にはたらく（urtümlich stehend）絶えざる展開（Strömen）」としての在り方において、その中には、言わば「他者たちをめぐる絶えざる展開（andere Ströme）」がはたらいている。そして、そのことは、どのようにせよ「（それぞれの自我主体が、）他者の自我主体（Ichsubjekt）へと向かう、ということの（hieinstrebend）欲動」のはたらきとして、まさに、はたらく。そうしたことをめぐって、次のようなことを述べることができる。

「欲動志向性」は、「超越的な（transzendent）目的を持っている」。

「この超越的な目的は、自らが自己移入を行なった他者（Fremdes）との、どのようにせよ、かかわりに基づく、ということとして、まさに超越的という在り方を持つ。」

このようにして、端的に言えば、フッサールは、「超越的な（transzendent）」ということにおける「超越（Transzendenz）」ということを、〝まさに他なるもの〟という含みで述べている。

こうしたことにおいて、それぞれの「主体」（＝「モナド」）にとって、「他者」は、それぞれに「**特異性**を持った目的（eigenes Ziel）」という在り方を持つが、そうした「他者」をめぐることは、「欲動体系」における「根本性（根本的なもの）」として、はたらいている。

そして、「欲動体系」においてはたらくことの「核（Kern）」としてはたらくのは、「原型としての（urmodell）」在り方を持った、「自らを高める（sich erhebend）、そして充足へと向かう（erfüllend）」という在り方を持つ、まさに、**志向**（Intention）」である。そして、そうした「志向」（すなわち、さらに言えば「志向性」）こそは、「欲動志向性」である。

そして、こうしたことをめぐって、フッサールは、さらに「時間意識（Zeitbewusstsein）」をめぐって、次のことを述べている（PI Ⅲ 594f.）。

ここで述べた「欲動志向性」としての「志向性」は、「現在」においてはたらくにあたって、「過去把持において、前もって方向づけられ（vorgerichtet）、そして、未来予持（Protention）に基づいて自らを変様させる（sich modifizierend）、という在り方において、はたらく。」

そのようにして、「欲動志向性」は、端的に、「現在」において、一定の「過去」がはたらき、そして、一定の「未来」を予測する、ということに基づく。そうしたことに基づきつつ、それぞれの「主体」（＝「モナド」）には、まさに、自らにおいて、「統合性（Einheit）」のはたらきがつくり出される。すなわち、そうしたこととして、「時間に基づくはたらき」（**「時間化」**、Zeitigung）が、はたらいている。そして、この「時間に基づくはたらき」（「時間化」）は、「自我」の「発生」後において、まさに「自我」とともにはたらき続ける。そして、こうしたことにおいてこそ、

「自我」は、「主体」（＝「モナド」）においての、「同一性」において「極（Pol）」としての仕方を持つ。

第十節　あらためて、「自我」以前について、そして「自我」の「発生」後

そして、フッサールは、「自我」をめぐって、あらためて、踏み込んだ議論を行なう。「自我」の「発生」以前においての、「自我がない（ichlos）」在り方での、すなわち「先‐自我」においての「主体」（＝「モナド」）における「統合性（Einheit）」のはたらきは、どのようであるのか？（PI Ⅲ 595）

結局は、どのようにせよ、「最も広義においての意志志向性（Willensintentionalität）」としての在り方を伴なっている。そして、「自我」の「発生」以前においては、「自我がない（ichlos）」在り方で、それぞれの「主体」（＝「モナド」）において、「欲動志向性」は、まさに、そうした在り方での「意志志向性」として、はたらいている。

そして、そうした「欲動志向性」の、「自我がない」在り方の中での、「主体」（＝「モナド」）における、「意志志向性」としてのはたらき方は、基本的に、「受動性（Passivität）」においてはたらく。しかし、そうした「意志志向性」こそは、「自我がない（ichlos）」段階において「主体」（＝「モナド」）において、一定の在り方で、「統合性（Einheit）」として、はたらく。

そして、「自我」の「発生」以後においては、その「第一段階」においても、その「第一段階」においても、「欲動志向性」が、「自我」とともに、という在り方で、まさに「欲動志向性」として、「生命的奔流」としての、まさに「欲動」に基づくこととして「主体」（＝「モナド」）において、はたらく。そして、「欲動志向性」においては、そのようにして、まさに「欲動を充足させようとするはたらき（Trieberfüllung）」がはたらくが、

そうしたことにおいては、実は、「他者」をめぐることへと向かう、という「目的」[5]のはたらきが、当該の「他者」が具体的な在り方を持たない場合であろうとも、はたらき続けている。そして、「欲動志向性」は、そうしたはたらき方において、それぞれの「主体」（＝「モナド」）にとって、共通に、どのようにせよ、「互いにはたらき合う」。そして、次のことを述べることができる。

そのことは、「普遍性」の立場をつくり出す、ということの基盤となっている。

さらに次のように述べることができる。

「自我」の「発生」後においては、はっきりとした在り方で、「主体」（＝「モナド」）において、「欲動志向性」においての「根本性において（根本的に、primordial）」、絶えず、既に、**「他者」へと「超越する(transzendierend)」**ということが、在り方として、はたらく。

そして、誰しも、どのようにせよ、「互いに相手を伴ない合い(miteinander)」、「主体」（＝「モナド」）として「結び付く(verbinden)」。さらに言えば、**誰しも、どのようにせよ、「互いに相手が自らの中においてはたらき(ineinander)」「互いに含み込まれながら(impliziert)」、「主体」(＝「モナド」)として「結び付き(verbinden)合う」。そして、そのようにして、互いに「他者」へと向かい合う、という在り方で「志向的(intentional)」という在り方がはたらいている。そのようにして、「欲動志向性」がはたらき合う。**

そして、こうしたことの基盤となることとして、あらためて、次のことを述べる必要がある。

それぞれの「主体」（＝「モナド」）には、まさにそれぞれに、「欲動」の「充足へと向かうということに基づく体系(Erfüllungssystem)」、すなわち**「欲動体系」**がはたらいている。そして、そうしたことが基盤としてはたらく、ということに、まさに基づき、それぞれの「主体」（＝「モナド」）には、既に、それぞれに、〈普遍性」を持つもの〈「普遍的な」もの〉をつくり出し、それがはたらく、ということとしての「普遍性」の立場がはたらくということによって、**「統合性(Einheit)」**がはたらく。

そして、このことをめぐっては、さらに、次のことを述べることができる。

「普遍性」の立場に基づいて「統合性(Einheit)」がはたらく、ということにおいては、〈〝人々〟（「われわれ」）の全体の中で、〝人々〟（「われわれ」）が「一つになる(sich einstimmig)」ということの充足、へと向かう「志向性」〉がはたらいている。その「志向性」は、まさに、〝人々〟（「われわれ」）が「一つになる(sich einstimmig)」ということに基づくこととしての「普遍性」の立場がはたらく、ということ、へと向かう「志向性」である。すなわち、その「志向性」は、そのようなこととしての**「普遍性の志向性」（「普遍的志向性」）**である。

そして、こうしたことをめぐっては、さらに、次のようなことを述べることができる。

そうしたことにおいては、還元して言えば、**端的に、「他者」との「かかわり」こそが、一定の〈「普遍性」を持つもの〈「普遍的な」もの〉〉をつくり出しそれがはたらくということとしての「普遍性」の立場がはたらく、ということを、まさに、つくり出している。**すなわち、そうしたこととしての**「普遍性の目的論（普遍的目的論）」**がはたらくようにしている。そして、端的に、「他者」との「かかわり」こそが、そうしたことにおいて、それぞれの「主体」（＝「モナド」）においては、どのようにせよ、そうしたことを、どのような在り方にせよ、とらえ、踏まえる、ということとしての「統握(Auffassung)」ということが、はたらいている。

第十一節　「自我」の「発生」の展開、その1

そして、こうした脈絡において、フッサールは、「自我」の「発生」後の展開ということをめぐって、次のようなことを、述べている（PI Ⅲ 595）。

「自我」は、一旦、「発生」したならば、様々な「はたらき（Akt）」にとっての「極」であり、そして、そのことから始まる「はたらきの習慣（Akthabitualität）」にとっての「極」として、はたらき続ける。そして、そうしたことにも基づき、まさに、「普遍性」の立場がはたらき、そして、「統合性（Einheit）」がはたらく。

さらに言えば、フッサールは、「自我」の「発生」後においては、「時間に基づくはたらき」（**「時間化」**、Zeitigung）が、はたらく中で、結局は、次のことが起きる、ということを言わんとする。

「主体」（＝「モナド」）においての「現在ということの本源的な在り方（urtümliche Gegenwart）」において、「欲動志向性」、さらに「欲動共同性」に、その基盤がはたらく、という在り方で、〈「普遍性」を持つもの（「普遍的なもの」）〉をつくり出し、それがはたらく、ということとしての「普遍性」の立場がはたらき、そのことによって、「統合性（Einheit）」がはたらく。

そうしたことにおいては、**「自我」自身に対しても、「自我極」に基づく「客観化」が、はたらく。そして、「自我」を、自らの「固有な身体」を持つ者としての在り方でとらえる**ことが、はっきりとはたらく。そして、そのことは、**「他者」に「自己移入」を行なう**、ということにおいての基盤となる。すなわち、自分と基本的に同様な在り方で「他者」も「身体」を持つ、すなわち、「固有な身体」を持つ、ということにおいて、「他者」をとらえ、「他者」に「自己移入」を行なう、ということにおいての基盤となる。

そして、**「自己移入」を行ない合う**ことによって、次のことが起きる（PI Ⅲ 595）。

「共同性をつくり出しつつあるモナドたち」であることが、**「欲動」に基づいて、「他者」へと「向かう、と**

いうこと」（「超越する、ということ（Transzendieren）」）が、「交互に（wechselseitig）」、直接的・「顕在的に」、そして、間接的・「潜在的に」、様々に、はたらき、そして、行なわれる、ということによって、絶えずつくり出されている（standing konstituiert）。

そして、そうした在り方での「まったく本源的（all-urtümlich）」であり「根本的（primordial）」である、ということにおいて、まさに**「生活的な（lebendig）」在り方を持つ「現在」**（それは、すべての「モナド」たちの「絶対的な共通性」としての在り方を持つが）が、まさに、はたらく。

そして、そうしたことを内容とした**「志向性のはたらきに基づく含蓄（志向的含蓄、intentional Implikation）」**が、人々においてそれぞれにはたらくことの中で、さらに、**「自我の集積的形成（Ichzentrierung）」としての、「自我」の「発生」の展開**が、起きる。

（ただし、ここで述べた「自我」の「発生」の展開は、踏み込んで言えば、本書の第二章において述べた1935年7月の論稿において述べられる「自我」の「発生」の「第一段階」の展開、としてとらえることができる。）

そして、こうしたことにおいて、フッサールが言う次のことが、どのようなことなのかが、さらに問われる。

「欲動」に基づいて、「他者」へと、向かう、ということ（「超越する、ということ（Transzendieren）」）がまさに「交互に（wechselseitig）」、直接的・「顕在的に」、そして、間接的・「潜在的に」、様々にはたらく。

このことをめぐっては、フッサールは、さらに、次のように述べている（PI Ⅲ 595）。

「他者」への「超越（Transzendenz）」ということにおいて、とりわけ「間接的」在り方においてはたらく「限定し難い在り方（無限定的な在り方）」は、それぞれの「主体」（＝「モナド」）が持つ**「特異性**（Eigenheit）」とも言える在り方をこそ「とりわけ基本的なこととして、本質的に（wesensmässig）」伴なっている。すなわち、「モナドにおける一定の層（Monadenstufen）」が、そうした「特異性」とも言える在り方を伴ないながら、そのようにして、まさに「限定し難い在り方（無限定的な在り方）」を持つ。そして、そうしたことにも基づきながら、それぞれの「主体」（＝「モナド」）にとって、「自我」の「発生」後において、「自我」にとっての「世界の発生（Weltentwicklung）」がはたらき続ける。そうしたことを、**「自我」の「発生」の「第一段階」の展開としての「自我の（展開的）発生（Ich-entwicklung）」**と述べることができる。

第十二節　「自我」の「発生」の展開、その2

そして、フッサールは、**「自我」の「発生」の展開**について、さらに、「目覚め（Erwachen）」という用語を、踏み込んだ在り方で使うことによって、次のように述べている（PI Ⅲ 595f.）。

そもそも「自我」の「発生」は、人間がつくり出す「環境」（すなわち「人間の環境」）の中での、どのようにせよ、「他者」との「かかわり」において、起きる。そうした「人間の環境」を踏まえ、それに、どのようにせよ、はたらきかけるということ（Akt）が、自らが欲するということ、にとって、必要とされる、ということを思い知り、「人間の環境」に対して、「かかわる」ということを、自らの、まさに「固有な身体」に基づいて、行なう。そうしたことにおいて、自らの「行為」の、「起点（Zentrum）」として、「自我」についての「自覚」としての、まさに「目覚め」が起きる。この「目覚め」ということは、「世界地平（Welthorizont）」、すなわち、端的に、「世界」（≒「地平」）を担う「存在者（Seiendes）」としての、「世界」（≒「地平」）の「構成（Konstitution）」の「起点」としての「自我」についての「自覚」としての、まさに「目覚め」である。

そして、フッサールは、こうしたこととしての「目覚め」に基づくこととして、さらに、次のことを述べている。「他者」との間において、**「互いに相手を伴ない合う、ということ（Miteinander）」**を踏まえ、そのこととに基づく、という在り方で、互いに、自らの在り方が、それぞれ「決まる（beschlossen）」ということ。すなわち、そのようにして、**互いに、自らの在り方を、決め合う（mitbeschlossen）ということ**。

そして、前提となっている、「人間の環境」ということについては、フッサールは、〈子供（幼児）・母親・父親〉ということとの「関係」をめぐることをも、まさに、取り上げている。しかし、そのことについて、多くのことを述べている訳ではない。すなわち、繰り返し述べたように、〈子供（幼児）・母親・父親〉という三者の関係における一定の〝確執〟とそのことをめぐる一定の「抑圧」が起きる、ということまでは、述べるにしても、フロイトが言う「エディプス・コンプレックス」をめぐる「抑圧」ということについての議論に踏み込むことはない。そのようにして、やはり、フッサールは、フロイトの主張から示唆は受けながらも、一線を画している。そして、むしろ、**「人間の環境」ということが、既に、〝人々〟（「われわれ」）ということにおけること、という在り方を持つ**、ということを述べることによって、そうした「自我」についての「自覚」としての「目覚め」が、「普遍性の目的論」（「普遍的目的論」）へこそ向かう、ということを言わんとする。そして、次のように述べている。

そうしたこととしての「目覚め」は、「（それぞれに）統合性がはたらき（einheitlich）」、そのことについて自覚的であることがはたらき（bewusstseinsmässig）、〈モナドたちの共同性（Monadengemeinschaft）〉が前向きさにおいて形成される（fortwachsend）生活的な在り方（Lbebendigkeit）において、そして、絶えず前向きに自らを、高める(steigernd)、という在り方を持ちながら、（共同性の）全体の中にはたらく志向性がはたらく、ということにおいての、目覚めである。」

そして、フッサールは、このように、**「モナドたちの共同性」**がはたらく、ということにおいて、まさに「共同性」に基づくこととして、「普遍性」の立場がはたらく、ということを言わんとする。

そして、こうしたことをめぐることについて、既に述べた1935年7月の論稿においては、**フッサールは、はっきりと「子供（幼児）」が「言葉」（さらに言えば、「言語」）を習得し、そのことの「体系」に基づくようになった段階のこととして述べていた。こうしたことから、ここで述べた「自我」の「発生」の展開は、「自我」の「発生」の「第二段階」に伴なわれることとして、とらえ返すことができる。**

第十三節　「文化性」

ここで、フッサールが、さらに、次のように、その主張を展開させていることについて、述べる必要がある（PI Ⅲ 596）。

「〈モナドたちの共同性〉は、普遍的な在り方において（普遍性に基づく在り方で、universal）構成を行なうという在り方を持った〈欲動共同性〉に基づき、この〈欲動共同性〉には、そうしたことの多くの「動向（Strömen）」において、そのつど、まさに地平的に(horizonthaft.、まさに相関的に、）既に存在している世界が対応している(entspricht)が、その世界に基づいて(wonach)、〈欲動共同性〉は、モナドたちの中で高められる(gesteigert)という、それ自体として繰り返される(immer wieder)展開(Ausbildung)へと、向かう(bringt)。そして、既に絶えず向かって来た。」

そして、**「こうした形態 (Form) において、モナドたちの全体性 (Totalität) は、段階的に (in Abschlagszahlungen)、自己意識へと向かっていく**（強調は、フッサール）。そして、この自己意識は、最も高い段階においては (zuhöchst)、まさに、普遍的な在り方において（普遍性に基づく在り方で、univrersal) 人間共同性 (Menschengemeinschft) としての在り方を持つ。」

フッサールは、こうした在り方において、「欲動共同性」が、「本源的に」はたらく、ということを述べている。そして、フッサールは、「欲動」が、そうした在り方においてはたらく、ということ、すなわち、「欲動」が、まさに「根源的な」こととしてはたらくことに基づいて、「主体」たちの「共同性」がつくり出される、ということを言わんとする。

そして、フッサールは、さらに次のように述べている（PI Ⅲ 596)。

「人間共同性は、〈「普遍性」を持つもの（「普遍的な」もの）〉に基づく「世界」をはたらかせる。この世界の中で、この人間共同性は、むしろ、自らを、一定の世界としてとらえられる、ということとして現われるようにする。そして、この人間共同性は、**実証的 (positiv) であって、なおかつ、普遍性を持つ（普遍的な）学問 (Wissenschaft) ＝普遍学**を中心としたヨーロッパ的文化が基づく人間性 (europäischen Kulturmenschheit) をつくり出しながら (schaffend)、（『人々』に）世界認識 (Welterkenntnis) の意志をはたらかせること (Willen) へと高まる (emporgestiegen ist)。」

こうして、フッサールは、「第二段階」においての「自我」の「発生」後の展開が、**「文化が基づく人間性 (Kulturmenschheit)」**に制御された在り方を持つ、ということを述べる。

ただし、フッサールは、「文化が基づく人間性」について、「ヨーロッパ的文化が基づく人間性」という言い方をしている。そのことにおいて、〝ヨーロッパ中心主義〟がはたらいているかのようでもある。しかし、次のように述べることができる。

フッサールは、至上的なこととして「普遍性」を持つもの（「普遍的な」もの）がはたらく、とする立場（「普遍性」の立場）について、古代ギリシアのプラトン、アリストテレス（さらに言えば、それ以前の、ソクラテス）以降の「普遍性」を持つ（普遍的な）「学問」＝「普遍学」の立場に、一定の代表をとらえるが故に、「ヨーロッパ的文化が基づく人間性」という言い方によって、「文化が基づく人間性」ということを言い換えている、と言える。

すなわち、次のようなことを述べることができる。

フッサールは、「ヨーロッパ的文化が基づく人間性」を、それ自体として、至上化しているのではなく、**至上的なこととしての「普遍性」の立場の、あくまでも、一定の代表として、「ヨーロッパ的文化が基づく人間性」について述べている。**そうであるが故に、フッサールの立場それ自体が、〝ヨーロッパ中心主義〟に立っているとは言えない。

そして、さらに、次のことを述べる必要がある。

フッサールは、「文化が基づく人間性」による制御、ということに、「主体」における「統合性」のはたらきをとらえている。

そして、ここで述べたように、フッサールは、そうしたことの立場としての**「普遍性」の立場**の代表を、古代ギリシアのプラトン、アリストテレス（さらに言えば、それ以前の、ソクラテス）以降の「普遍的な〈普遍性に基づく〉学問」＝「普遍学」の立場、言い換えれば、そうしたこととしての、ギリシア的〈合理主義〉にとらえている。

そして、フッサールは、こうした議論を行ないながら、「超越論的」立場ということを述べているが、そうしたことにおいて、この場合の「超越論的」立場ということには、「主体」における「統合性」のはたらき、ということが、そうした言い方の一定の含みとしてはたらく。

そして、さらに、次のことを述べることができる。

こうした、「主体」における「統合性」についての主張は、フロイトが、「主体」における「統合性」について、「自我」の上位にはたらく「超 - 自我」に基づく、と主張していることと、発想においては、重なる。さらに言えば、フッサールが、こうした「自我」の「発生」の展開について、本書の第二章で取り上げた１９３５年7月の論稿においては、**「言葉」（さらに言えば、「言語」）の「体系」に基づくことが「統合性」としてはたらく、ということにおいて、「自我」の「発生」の「第二段階」が起きる、**と述べていることは、フロイトの「超 - 自我」をめぐる主張を、ラカンが「象徴界」をめぐる主張において、継承・展開させたことにおいての、そうしたラカンの「象徴界」をめぐる主張と、発想の基本においては、重なる。

しかし、繰り返し述べたが、フッサールは、そうしたことから、「精神分析」へと向かうことはなかった。一定の〈「普遍性」を持つもの（「普遍的な」もの）〉をつくり出し、それがはたらく、ということとしての「普遍性」の立場がはたらく、ということに、「主体」（＝「モナド」）における「統合性」をとらえる、「普遍性」

の立場へ、それ自体として、向かう。

第十四節　「超越論的」立場

そして、フッサールは、次のようなことを述べている（PI Ⅲ 596)。

「超越論的還元の可能性から（aus)、そして、超越論的還元を通して（durch)、モナドたちは、まず第一に（zunächst)、人間モナド（Menschenmonaden）として見出される。」

フッサールは、このように、「超越論的還元」という用語を、敢えて、ここまで述べて来たような、人間の、「主体」（＝「モナド」）としての在り方を明らかにする、ということについて、使っている。端的な言い方をするならば、「超越論的還元」という用語を、敢えて、それぞれの「個人」を、既に述べたような「主体」（＝「モナド」）として、〝メタ・レベル〟の在り方でとらえることについて、使っている。さらに端的な言い方で言うならば、「超越論的還元」という用語を、それぞれの「個人」が、既に述べたような、「主体」（＝「モナド」）としての在り方において〝自らをとらえ返す〟ということでの「理性」のはたらき、ということとして、使っている。

そして、フッサールは、こうしたこととしての「超越論的還元」によって明らかになる、一定のこととして、次節に述べるように、**「個体発生」と「系統発生」**ということについて踏まえる、という在り方で、**「発生」**ということについて、さらに踏み込んだ主張を、行なっている。

第十五節　「個体発生」と「系統発生」

フッサールは、敢えて、次のように述べている（PI Ⅲ 595)。

「主体」（＝「モナド」）は、「本質的に（wesenmässig）、生殖ということに基づく、まさに発生（Entwicklung）の中にある」。そのような在り方で、それぞれの「主体」（＝「モナド」）たちにおいては、「生殖ということにかかわる脈絡（generativer Zusammenhang）」がはたらく。

そして、フッサールは、次のようなことを述べる必要がある、と言わんとする。「主体」（＝「モナド」）において、**「欲動」には、「個体発生」においての、「人類」としての〝生命的奔流〟がはたらく。**そして、さらに言えば、**「欲動」には、「生物」の「系統発生」における〝生命的奔流〟がはたらく。**そして、**「個体発生」の在り方は、「系統発生」の在り方を「反復」する、とも言える在り方を持つ。**[6]

そして、フッサールは、次のようなことを述べている（PI Ⅲ 595）。「主体」（＝「モナド」）には、「個体発生としての発生（ontogenetische Entwicklung）」がはたらく。それは、次のことである。

⑴「子供（幼児）以前〔出生以前（胎児の時期）をも含む、Vorkind〕[7]」の「段階（Stufe）」。

⑵「子供（とりわけ、幼児、Kind）」の「段階」。

⑶成長（成熟）した「人間」（Mensch）の「段階」。

そして、こうした「個体発生としての発生」は、一定の在り方では、次のような「系統発生としての発生（phylogenetische Entwicklung）」を、順に「反復」する、ということにおいて、とらえることができる。

⑴「動物以前としての（そのような在り方での生物としての、vortierisch）」「段階」。

⑵「動物としての（tierisch）」「段階」。

(3)「〝より高度な〟動物としての（animalisch）」「段階」。

そして、フッサールは、次のように述べている（PI Ⅲ 595）。

「主体」（＝「モナド」）をとらえることにおいて、「一定の段階（「自我」の〝実現の〟段階）に、とどまるということ」では済まない。それ以前の、こうしたこととしての「発生(Entwicklung)」が問われる。

そして、フッサールは、「過去」が、**「過去」としての「潜在性」**としてはたらき続ける、ということにおいてとらえる必要がある、ということを言わんとする。そして、さらに、「未来」が、**「未来」としての「潜在性」**としてはたらき続ける、ということにおいてとらえる必要がある、ということを言わんとする。そして、さらには、そうしたことの「全体」においてとらえる必要がある、ということを言わんとする。

そして、フッサールは、一定の在り方で、とは言え、次のようなことを言わんとする。

成長（成熟）した「人間」について、「〝より高度な〟動物」としてとらえた上で、「発生」ということでさかのぼって言えば、「系統発生」における「動物」としての面をも持つ「子供（とりわけ、幼児）」、さらにさかのぼって言えば、「系統発生」における「動物以前（そのような在り方での生物）」としての面をも持つ「子供（幼児）以前（出生以前（胎児の時期）をも含む）」の「個体」を、**「発生的に」蓄積させている**、ということにおいて、正面からとらえる必要がある。

こうして、フッサールには、ヘッケルの「生物発生」の「反復説」、ダーウィンの「進化論」、フロイトの「精神分析」といったことに、それぞれに示唆を受けた在り方で、しかし、それぞれ、一線を画しながら、独特な在り方での、**〝人類主義〟、〝生物主義〟、さらに言えば〝生命的奔流〟の立場としての〝生命主義〟**がはたらく。

そして、とりわけ、次のことを述べることができる。

フッサールには、端的に言えば、「人間」について、**とかく目を向けることが避けられる〝隠れた深層〟**に、正面から踏み込んでとらえ踏まえようとする立場がはたらく。

第十六節　「自己移入」に先行すること

フッサールは、次のように述べている（PI Ⅲ 596）。

「主体」（＝「モナド」）には、「人間として持つ、相互的世界（互いに相手を伴ない合う、という在り方を持った世界）」（menschliche Mitwelt）が、「直接的な在り方で（direct）内在している（impliziert）」。

分かりにくい言い方であるが、こうした言い方で、フッサールは、**それぞれの「主体」（＝「モナド」）は、「人間」としての「出生」を「内在している」**ということを述べている。**さらに言えば、両親としての男女の「性的交接（性的な交わり、Kopulation）」を「内在している」**ということを述べている。そして、**そうしたこととして、「欲動が充足へと向かおうとする、ということ（Trieberfüllung）」がはたらいたということを「内在している」**ということを述べている。

そして、フッサールは、次のような議論を行なっている（PI Ⅲ 596）。

「子供（幼児）」は、自分を「母親」が産んだということについて、もともとは、分かりようもない。しかし、「母親」に対して、「欲動」に基づく、という在り方において、「欲動が充足へと向かおうとする、ということ」が、端的に、はたらく。それは、まず、直接的・「顕在的な」在り方での〝愛着〟としての「根源的な欲求」としてはたらく。そして、実は、そうしたことにおいては、「子供（幼児）」が、「母親」の「思い入れ（Seele）」の中へと入っていく、ということが起きる。しかし、その段階においては、「子供〈幼児〉」の側には、まだ、「母親」への「自己移入」がはたらいてはいない。そうしたことから、次のことを述べることができる。**「子供〈幼児〉」において、「自己移入」は、やがて、とりわけ、決定的なことの一つとして、はたらくようになる。しかし、やがてはたらく、という在り方を持つことにおいて、それは、二次的なことであり、「根源的な」ことではない。それに対して、「根源的な」ことは、「欲動」が、まさにはたらいている、ということである。**

そして、「欲動」がはたらく、ということは、それ自体としては、「自己移入」におけるような在り方で、「他者」の「生きることの在り方(Leben)」についての「より進んだ、まさに経験(Forterfahrung)」(、実感、)に基づく、ということではない。そして、「欲動」がはたらく、ということは、それ自体としては、まだ、「他者」との「関係」をつくり出す「自我に基づく行為(自我行為、Ichakt)」ではない。さらに言い換えれば、「欲動」がはたらく、ということは、それ自体としては、まだ、そのような「自我行為」としての「世界の中に生きること(世界性に基づいて生きること、Weltleben)としての行為」ではない。

しかし、「欲動」がはたらく中で、やがて「自己移入」が行なわれるようになることによって、そうしたことに基づく在り方で、「他者」との直接的・「顕在的な」「関係」がはたらくようになり、「自我行為」、さらに言えば「世界性に基づいて生きる、ということとしての行為」が行なわれるようになる。そして、そうしたことを基盤として、「他者」との「関係」が、まさに、はたらく、ということに基づいて、一定の〈「普遍性」を持つもの(「普遍的な」もの)〉をはたらかせ、「普遍性」の立場をはたらかせる、ということが行なわれるようになる。そして、そのことによって、**「統合性(Einheit)」に基づく、ということ**が起きる。そして、そうしたことには、**「時間に基づくはたらき」(「時間化」、Zeitigung)**がはたらく。すなわち、「現在」において、一定の「過去」がはたらき、そして、一定の「未来」を予測する、ということとして、「時間に基づくはたらき」（「時間化」、Zeitigung）が、はたらくことをも基盤として、それぞれの「主体」（＝「モナド」）は、自らにおいて、「普遍性」の立場をはたらかせ、「統合性（Einheit）」をはたらかせる。

このことについて、次のように述べることができる。

「本源的な（urtümlich）」〔まさに、一定の出来事（事実）をめぐることによって始まる、という〕在り方で一定の「世界」が「構成される」ということが、起きている。すなわち、「本源的な」在り方で、一定の「世界構成（Weltkonstitution）」が行なわれる、ということが起きている。

そして、フッサールは、さらに、こうしたこととして、自らにとって、一定の「世界」がはたらき始める、ということについて、「自我」との「相関」において、「自我」において「時間」がはたらく、ということとしての「時間化」が起きている、という言い方をしている。そして、そのことを、さらには、**「自己時間化（Selbstzeitigung）」**とも言い換えている。

そして、フッサールは、さらに、次のことを述べる。

「主体」（＝「モナド」）にとっての「時間がはたらく以前のこと（Vorzeit）」が問われる。

フッサールは、このように問うことによって、「主体」（＝「モナド」）にとっての「時間」とは別に、**それ自体としての「時間」（さらに言えば，そうしたこととしての「客観（客体）」としての「時間」）**におけることを踏まえることが求められる、ということを言わんとする。

そして、既に述べた、フッサールの次の主張を、あらためて述べる必要がある。

「主体」（＝「モナド」）には、「人間として持つ、相互的世界（互いに相手を伴ない合う、という在り方を持った世界」」(menschliche Mitwelt)が、「直接的な在り方で(direct)内在している(impliziert)」。言い換えるならば、それぞれの「主体」(＝「モナド」)は、「人間」としての「出生」を「内在している」。さらに言えば、両親となる男女の「性的交接(性的な交わり、Kopulation)」を「内在している」。そして、そうしたこととして「欲動が充足へと向かおうとする、ということ(Triebeŕfüllung)」がはたらいたということを「内在している」。

そして、フッサールは、〝それ自体〟としての「時間」(さらに言えば、「客観(客体)」としての「時間」)における こととして、あらためて、次のことが問われる、ということを言わんとする。

「人類」においてはたらいて来た「個体発生」、そして、そのことにおいての一定の「反復」もはたらく、「生物」においてはたらいて来た「系統発生」。

そして、フッサールは、次のように述べる(PI III 597)。

「生殖のはたらき(Zeugungsakt)」をめぐることが、問われる。そして、敢えて言えば、次のようなことが問われる。

「生殖のはたらき(Zeugungsakt)」に直接的・「顕在的に」かかわることとして、「妊娠(Schwangerschaft)」をめぐること、さらには、そのことをめぐる「生理学(Physiologie)」とも言えること。

そして、フッサールは、こうしたことをめぐって、「主体」(＝「モナド」)ということの、それ自体についての、敢えて正面から言えば、「生殖のはたらき(Zeugungsakt)」をめぐる、まさに「本源的な(urtümlich)」ことが問われる、ということを言わんとする。

第十七節　「生殖のはたらき」をめぐって。そして、「普遍性」の立場へ

フッサールが「生殖のはたらき（Zeugungsakt）」をめぐって述べる踏み込んだ議論（PI Ⅲ 597）について、検討していきたい。

「相互主体的」在り方が「独特な」在り方ではたらく。そのことにおいて、「生きることの在り方（生活Leben）」が或る「本源的な」在り方ではたらく、ということが起きている。それは、とりわけ、「女性」が「母親」となる、ということをめぐって述べることができる。

フッサールは、次のように述べている。

「〔女性という〕母親となる（mütterlich）モナドにおいて起きることは、〔女性において、起きる限定されたことのように思えるが、起きることの本質は、〕彼女たちだけにおいて起きる、ということではない。彼女たちに起きることは、すべての人にとって（in allen）、鏡像としてはたらく（spiegelt sich）。[8]」

「母親」においては、まさに「母親」としての「世界性に基づいて生きる、ということ（世界性に基づく生活において（im Weltleben）」生きる、ということがはたらく。そして、そのようなこととして、独特に、言わば「体系的な（様々な結び付きがはたらく）」在り方がはたらく。そして、そうしたことにおいて、自ら自身が、まさに「或る一定の世界における存在者（Seiendes）として経験される（erfahren）」。そして、そのような在り方においてこそ、「具体的に（konkret）、まさに自然的に（natürlich）、生きる」ということがはたらく。

それでは、この場合の次のことは、どのようなことなのか？

「〔女性という〕母親となる（mütterlich）モナドにおいて起きることは、〔女性において、起きる限定されたことのように思えるが、起きることの本質は、〕彼女たちだけにおいて起きる、ということではない。」

次のことを述べることができる。

「女性」が「母親」となる、ということにおいては、端的に、「男性」との「性的交接（性的な交わり、Kopulation）」が行なわれている。すなわち、そのようにして、「生殖のはたらき（Zeugungsakt）」をはたらかせることが行なわれている。そのことは、そのようにして、「相互主体性」が「本源的に」はたらく、ということである。そして、さらに、「女性」が「母親」となる、ということにおいては、「妊娠」すること（子供を宿すこと）が起きる。そして、出産すること（子供を産むこと）が起きる。そうしたことは、「生殖のはたらき」に基づく「相互主体性」が、さらなる在り方で、つくり出され、はたらく、ということである。そして、そうしたことは、そうしたことがもたらす、実に様々なことについて「本源的な」在り方を持つ。

フッサールは、こうしたことを述べることによって、次のようなことを言わんとする。

「女性」が「母親」となる（あるいは、なり得る）、ということにおいて、様々に経験すること、そして、「母親」となる、ということに伴なって、様々に経験すること、としての「相互主体的な」ことは、「相互主体的な」ことの、一定の極限であり、そうしたことからは、どのような在り方においてにせよ、「すべての人にとって（in allen）、鏡像としてはたらく、（spiegelt sich）。」

端的な言い方をするならば、フッサールは、次のことを述べている。

「女性」が「母親」となる（あるいは、なり得る）ということは、「母親」とはならない「女性」にとっても、「母親」となることを拒む「女性」にとっても、そして、あらゆる「女性」にとって、そして、さらに、あらゆる「男性」にとっても、自らについてのことの、一定の「鏡像」としてはたらく。

どのようなことの「鏡像」なのか？

とりわけ直接的・「顕在的に」は、既に述べた次のことである。

それぞれの「主体」（＝「モナド」）は、「人間」としての「出生」を「内在している」。さらに言えば、両親となる男女の「性的交接（性的な交わり、Kopulation）」を「内在している」。

さらに言えば、次のことである。

それぞれの「主体」（＝「モナド」）は、「人類」としての「個体発生」を「内在している」。さらに、それぞれの「主体」（＝「モナド」）は、「生物」としての「系統発生」を「内在している」。

そして、間接的・「潜在的な」ことの、「根源的」であることによって、極限とも言えることとして、次のことを述べることができる。

それぞれの「主体」（＝「モナド」）は、「性欲動」としての、まさに「欲動」を「内在している」。

さらに言えば、次のようなことを述べることができる。

それぞれの「主体」（＝「モナド」）は、「欲動共同性」を「内在している」。

そして、このことをめぐっては、次のようなことを述べることができる。

「欲動共同性」を一定の基盤とする、という在り方で「共同性」がはたらくことにおいて、一定の〈「普遍性」を持つもの（「普遍的な」もの）〉をつくり出し、それをはたらかせる、ということとしての「普遍性」の立場をはたらかせる、ということを「内在している」。

そして、「欲動共同性」を一定の基盤とする、という在り方で「共同性」がはたらく、ということについては、さらに、次のように述べることができる。

「性欲動」(＝「欲動」)に基づき、「他者」との「関係」をつくり出す、という在り方を持ったことが、直接的・「顕在的に」、そして、さらに間接的・「潜在的に」、いくつもの次元において、まさに様々に、行なわれる。そうしたことにおいては、一定の基盤として「欲動体系」がはたらいている。そして、そうしたことに基づいて、「欲動共同性」が「本源的な」一定の基盤としてはたらき続ける、ということの前提として、「共同性」が、まさにつくり出される。

このようにして、フッサールは、「人間」について主題化する、ということにおいて、正面から、「人間」が「性」に基づく、ということを主題化する。言うまでもなく、「人間」として「生まれる」、ということは、「性」に基づいている。そして、端的に、「生殖」ということを前提として「生まれる」ということが起きる、ということにおいて、どのように、直接的・「顕在的に」であろうとも、そして、さらに間接的・「潜在的に」であろうとも、「人間」には、「生殖」にかかわることがはたらく。このようにして、フッサールは、〈「生殖」ということ〉としての、端的に、「人間」の「自然的」「発生」への問いを、まさに基盤となる問いとして問う。

そして、実は、次のことを述べる必要がある。

フッサールは、既に述べた次のことを、やはり、言わんとする。「自然的なこと」についての正面からの徹底した問いは、実は、〈非自然的なこと〉への問い、さらに言えばまったく「社会性」と言うべきことへの問いへと展開する。

そして、あらためて、既に述べた、次のことを述べる必要がある。

それぞれの「主体」(＝「モナド」)は、「欲動共同性」を一定の基盤とする、という在り方で「共同性」が

はたらく、ということにおいて、一定の〈「普遍性」を持つもの〈「普遍的な」もの〉〉をつくり出し、それをはたらかせる、ということとして「普遍性」の立場をはたらかせる、ということを「内在している」。

そして、こうしたことにおいて、「主体」（＝「モナド」）たちにおいて、**「文化」**がつくり出されている。

そして、それぞれの「主体」（＝「モナド」）は、そうした「文化」に基づいて生きる。そうした「文化」が、「社会」における「共同性」においてはたらく。そして、まさに、一定の〈「普遍性」を持つもの〈「普遍的な」もの〉〉をつくり出し、それをはたらかせ、そして、そうしたこととしての「普遍性」の立場がはたらく。そのことは、それぞれの「個人」に、まさに、**「統合性（Einheit）」がはたらくことに基づく、という在り方**をつくり出す。

なお、こうした主張の継承・展開の例としては、レヴィナスの１９６１年の『全体性と無限』第四部における「性」をめぐる主張をとらえることができる。レヴィナスは、１９２８年から２年間、フライブルク大学のフッサールのもとで学び、フッサールの『デカルト的省察』の発表の際には、パリまで付き添い、１９３０年には、フランスにおけるフッサール「現象学」の正確な紹介書としては最初のものとも言われる『フッサール現象学の直観理論』を出版している。レヴィナスは、『全体性と無限』第四部において、次のように述べている。

「繁殖性は、多様性と対立することがない統合性を明らかにしている。繁殖性によって明らかにされた統合性は、多様性を、文字通り、産み出す。」[9]

そして、「統合性」ということの発想は、繰り返し述べたが、発想としては、フロイトの「超‐自我」をめぐる主張と、一面において重なる。そして、そうしたことにおいて、さらには、ラカンの「象徴界」をめぐる主張の先駆としての面も持つ。しかし、フッサールは、「統合性」の議論を行なうことにおいて、〈子供（幼児）・母親・父親〉ということをめぐること（一定の〝確執〟、そして、そのことをめぐる一定の「抑圧」）について、それ自体としては述べている。しかし、「エディプス・コンプレックス」をめぐる「抑圧」といったことの議論にはかかわろうとはしない。そのようにして、既に述べたように、「精神分析」とは、基本的なところで一線を画する。そして、繰り返し述べたように、フッサールが向かうのは、一定の〈「普遍性」を持つもの（「普遍的な」もの）〉のはたらきの主題化の立場としての、「普遍性」の立場である。

第十八節　「発生的現象学」とは何か？

既に述べたように、フッサールは、「自然的なこと」をその極限的なことにまで、徹底して踏み込んで、踏まえることが、〝非自然的なこと〟が「普遍性」としての在り方で、それぞれの「主体」（＝「モナド」）においてはたらくことを、もたらし、そのことが、さらに「統合性（Einheit）」をはたらかせる、ということを主張する。

そのことの立場を、従来の自らの立場（＝「静態的現象学」）にとどまらずにはたらかせる必要があると述べた上で、まさに、**「発生的現象学」**として主張する。そうした言い方の直接的な主張を、フッサールは、1933年8月（または9月）の論稿『静態的現象学と発生的現象学』において述べている。その論稿の結論において、ここで取り上げた『普遍性の目的論（普遍的目的論）』と同様に「理性を持った**〝より高度な〟動物（animal rationale）」**をめぐる主張が行なわれている。その主張について述べることによって、上記の主張の確認をしておきたい。

　フッサールは、次のように言わんとする。

「動物」には「欲動」がはたらく。そうしたことにおいて、「人間」もまた「動物」である。しかし、端的に言えば、「人間」には「人間」としての「理性」がはたらく、ということにおいて、「人間」は、「〝より高度な〟動物」である。そうしたことから、「人間」について、「理性を持った〝より高度な〟動物（animal rationale）」という言い方ができる。「理性を持った」という言い方は、一見、〝ありがちな〟言い方のようにも聞こえるが、フッサールが、その言い方によって言わんとすることは、〝ありがちな〟〝理性主義〟ではない。次のことである。

　様々な在り方においてはたらく「相互共同性」（さらに言えば「共同性」）に基づき「言語的コミュニケーション」を行ない、そうしたことに基づいて、**一定の〈「普遍性」を持つもの（「普遍的な」もの）〉をつくり出し、それをはたらかせる。そうしたことにおいて、「普遍性」の立場に、まさに基づく。**

　このことは、「人間」が、「自然的」である在り方だけでは済まない、ということを明らかにしている。そして、このことは、「人間」の〝**表**《おもて》〟面における一定の頂点とも言えることである。

　しかし、さらにまったく踏まえる必要があることは、「人間」は、「〝より高度な〟動物」という在り方で、やはり「動物」である、ということである。そのことこそは、「自然的」である在り方を持つことの基盤となることである。そのことは、「人間」の〝**裏**《うら》〟面においての、まさに基盤となることである。そして、そのことは、とりわけ、次のことである。

　「人間」は、「性欲動」としての「欲動」に基づく。

　こうしたことの主題化においてこそ、「発生的現象学」を展開させることができる。

そして、そうしたことによって、「根源的な」「相互主体性」が「内在する」ことにおいて、「欲動共同性」を基盤とする、ということに基づくことによってこそ、まさに直接的・「顕在的に」、「共同性」をつくり出し、はたらかせることが求められる。そして、そうしたことにおいて、まさに、次のことが、求められる。

「普遍性」の立場を、はたらかせ、そのことに、まさに基づく。

結論　「欲動共同性」と〝言語的共同性〟

この第三章で取り上げた論稿『普遍性の目的論（普遍的目的論）』は、１９３３年９月のものである。そして、第二章で取り上げた論稿『子供（幼児）。最初の自己移入』は、１９３５年７月のものである。すなわち、あらかじめ述べたように、フッサールによって発表された順で言えば、前後している。ここで、順を戻した上で、最後期のフッサールの全体像における支柱となる基本的立場について、述べておきたい。

フッサールは、まず、１９３３年９月の『普遍性の目的論（普遍的目的論）』においては、**「性欲動」としての「欲動」**を主題化し、**「欲動共同性」**について主張した。そして、１９３５年７月の『子供（幼児）。最初の自己移入』においては、そのことを基盤とすることとして、**「自己移入」を行ない合うこと**を主題化し、そして、さらに、とりわけ、**「言語的コミュニケーション」**をこそ主題化し、言わば**〝言語的共同性〟**について主張している。そして、そうしたことにおいて、まさに、次のことを言わんとする。

「欲動共同性」を「本源的な」基盤とし、それをはたらかせる、ということに基づく、ということを一方のこととして、さらに、まさに「言語的コミュニケーション」にこそ基づき、〝言語的共同性〟をつくり出し、それをはたらかせる。そして、そうしたことに基づき、一定の〈「普遍性」を持つもの（「普遍的な」もの）〉

をつくり出し、それをはたらかせる、ということとして、「普遍性」の立場をはたらかせる。

そして、この場合の、一定の〈「普遍性」を持つもの（「普遍的な」もの）〉は、どのようにせよ、一定の「規範」としての在り方を持たざるを得ない。そして、次のことが求められる。

まったく「同意（合意）」された一定の「規範」としての在り方をも持つ一定の〈「普遍性」を持つもの（「普遍的な」もの）〉がはたらく。そのことを一方のこととして、そして、そのことにこそ基づいて、それぞれの「主体」（＝「モナド」）が、「事実的」・「具体的」「主体」（＝「モナド」）として、まさに、生きる。

註

1 フロイトが言う「欲動」は、その思想の全体像においては、基本的には、「性欲動」であると言える。しかし、その主張の当初においては、フロイトは、「欲動」として、「性欲動」だけを述べていた訳ではない。すなわち、１９００年代においては、「自己保存欲動」（「自我欲動」）と「対象欲動」（「他者欲動」）という二つの「欲動」として、「欲動」をとらえていた。さらには、１９２０年の『快楽（快）原則のかなた』においては、「欲動」として、「攻撃欲動」の背景になる「欲動」として、「死の欲動」ということについても述べている。そして、それ以後、「性欲動」を「生の欲動」という言い方をする一方において、さらに「死の欲動」としての「欲動」をも述べるようになる。

2 こうした在り方での「性欲動」の強調は、フロイト以上の在り方であるとも言える。

3 既に述べたように、たとえば、１９５０〜１９５１年度のパリ大学文学部での講義録である『人間の科学と現象学』、『幼児の対人関係』などにおいて、確認できる。巻末の「参考文献表」において掲載したが、邦訳『眼と精神』（木田元・滝浦静雄訳、みすず書房）に所収されている。

4なお、フッサールは、「欲動がつくり出す体系（欲動体系(Triebsystem)）」というようにして、「体系(System)」ということを述べているが、その「体系」ということの含みについては、多くのことを述べる必要がある。しかし、少なくとも、「欲動がつくり出す体系」（「欲動体系」）は、夥しい数の「欲動志向性」の「結び付き」に基づき、そして、「欲動共同性」がそれに基づく、という在り方を持つ、ということを述べることができる。

5Ziel.

6フッサールは、1866年に、エルンスト・ヘッケル（Ernst Haeckel）が述べた「系統発生を、個体発生は、繰り返す」という主張（「ヘッケルの反復説」）を、一定の在り方で、踏まえている。「反復説」は、もともと、1824〜1826年に、エチエンヌ・セール(Étienne Serre)が提唱していたが、ヘッケルは、ダーウィンの「進化論」からの影響も受け、「反復説」をさらに「生物発生原則」という言い方をした上で主張した。

なお、フッサールは、アリストテレスの『動物誌』、『動物発生論』などにおける「生殖」をめぐる記述からも、示唆を受けていることが想像できる。

7後述する中で、1933年8月（または9月）の論稿『静態的現象学と発生的現象学』における結論的主張をめぐることについても述べるが、その論稿においては、さかのぼっていく在り方で、「早期の幼児(Frühkind)」、「新生児（嬰児、Neugeboren)」、「胎児(Embryonen)」という分け方をした議論をも行なっている。

8フッサールは、spiegeln sich という言い方をして、鏡像に自分の姿を映して見る、ということのようであることを強調している。

9 TI251. 邦訳、P.423. 一部、訳し直した。このことについては、本邦においてのレヴィナス研究においては扱われることは少ないが、小泉義之氏は、一つの著作〔『レヴィナス』（ＮＨＫ出版、２００３年）〕の中の一章をあてて扱っている（p.71～99）。

総論に代えて

「現象学」の再生に向けて：「生」と、「普遍性」の立場

まず、フッサールが、**「欲動」（＝「性欲動」）**を主題化しながらも、一線を画すことになる「精神分析」の展開を牽引したラカンの主張について、本書において述べて来たフッサールの主張との比較のために、その基本的主張から、一定のことを述べておきたい。

ラカンは、〝フロイトへ帰れ〟という主張のもと、フロイトを継承するという在り方で、その立場を展開させた。ラカンは、「欲動」が、極限的な在り方で、どのようにせよ、そして、どのように一定にせよ、充足が起きる場合について、**「享楽（jouissance）」**がはたらく、という言い方をしている。「享楽」は、「快感」（さらに言えば「快」）にはとどまり得ない在り方を持ち、一方において「苦」でさえある。そして、そのようにさえもはたらく、という在り方で、「欲動」がまさにはたらく中で、そうした「欲動」に根を張りながら、様々な**「欲求」**が、「言語」の「世界」（**「象徴界」**）にはたらく様々な**「要求」**に、根ざしながら、はたらく。しかし、さらには、そのことに、ともすると〝裂け目〟をつくるようにして、**「欲望」**がはたらく。**「欲望」は、「他者」からの「承認」を得ようとする、という在り方を持ちながら、一定の「他者」へと向かうようにして、一定の「他者」にとどまり得ない在り方でこそ、「他者」へと向かい、はたらく。**そのようにして、「欲望」は、説明し切れない在り方で、まさに「他者」へと向かう。そして、次のようなことを述べることができる。「欲望」

がはたらくことにおいては、「抑圧」されていた「記憶」についての「言語化」(「言語表現」へと換えること)が敢えてはたらく。そして、「言語」の「世界」(「象徴界」)にはとどまり得ない在り方での〔そうした在り方としての**「現実界(le Réel)」**におけることとしての〕、まさに「他者」へと向かう。すなわち、そのようにして、フロイトが述べていた、**それ自体のもの(das Ding)としての「他者」**へと向かう。そのことは、そうしたことにおいて「欲望」は、言わば、**「対象a」**へと向かう、という言い方ができる。〔この場合の、aは、フランス語の、autre(他者)であり、aを大文字にしたAutreが、「言語」の「世界」(「象徴界」)においての「他者」であるのに対して、autreは、「言語」の「世界」(「象徴界」)にはとどまらない、**「想像界」における「他者」**であり、さらには、まさに、**「現実界」における「他者」**である。〕

さらに、次のようなことを、述べることができる。**「言語」の「世界」(「象徴界」)においては、どのようにせよ、様々に、「規範」がはたらく。**すなわち、「普遍性」としての在り方での「規範」がはたらく。そして、そうしたことは、**「統合性」**としてはたらく。そして、そうしたことの中でも、ともすると、「欲望」は、そのことにはとどまり得ない在り方で、「対象a」としての、「想像界」の「他者」、そして、さらに、「現実界」の「他者」へと向かう。

こうしたことを、フロイト→ラカン、という「精神分析」の展開において、ラカンの、とりわけ、**「欲動」**、**「欲望」**、**そして「他者」**、をめぐって主張された基本的主張から述べることができる。

最後期のフッサールは、どのようなことを主張したのか? フッサールは、フロイトの主張に示唆を受けながらも、こうした「精神分析」の継承・展開へ向かい切ることはなかった。そして、フッサールが、結果的に、向かい、そのことにとどまった立場は、**「普遍性」の立場**であった。ただし、その立場は、フロイトが述べていた「超‐自我」の主張を踏まえたラカンの「象徴界」についての主張とは、一定の接点を見出せる。しかし、フッサールの主張は、やはり、はっきりと一線を画している。そうしたフッサールの立場は、基本的に、どのようであったのか？　あらためて、一定の踏み込みを行ないながら、確認しておきたい。

Ⅰ．１９３５年７月の論稿『子供（幼児）。最初の自己移入』をめぐって：「発生的現象学」の〝帰結〟

１．「最初の自己移入」と、「自我」の「発生」の「第一段階」

「自我」の「発生」以前の、まだ「先‐自我」（「自我」の「発生」以前）の段階の「子供（幼児）」は、「母親」と「未分化」であり、あくまでも、そうした状態において、「子供（幼児）」には、「母親」への強い〝愛着〟（さらに言えば「根源的な欲求」）がはたらいている。そして、そうした「未分化」の中でとらえられている「身体」は、まだ「もの的身体」の在り方しか持たない。

やがて、「子供（幼児）」は成長し、自らの「空間性」を増大させる。そして、「母親」との「かかわり」において、「母親」を「空間性」においてとらえ「母親」の「空間性」を「経験」（〝実感〟）することの中で、自分と、〝外〟（「外部」）＝〝他なるもの〟、ということの意識が形成され、自分をも「空間性」においてとらえる。そのようにして、**先駆的な「自我」の「発生」**が起きる。そして、「子供（幼児）」は、「分化」された在り方で、「母親」をとらえる。そして、さらには、それぞれの「空間性」を持つ「他者」たちの「身体」を、まさに「身体」としてとらえる。

そして、そのように、先駆的な「自我」がはたらく中、「母親」へ、どのようにせよ「欲望」がはたらく。そして、そうしたことにおいて、「子供（幼児）」は、さらに、「母親」が「固有な身体」を持つ、というとらえ方をし、そして、「母親」が「固有な身体」を持つのと同様に、自分自身の「身体」について、まさに自らの「固有な身体」である、ということの「自覚」が起きる。そして、そうしたことにおいて、「自我」についての「意識」が生じる。このことが、**「自我」の「発生」の「第一段階」**である。そして、自分が、「固有な身体」を持つ「自我」である、ということの「目覚め」が、「母親」に自らを当てはめてとらえる、ということによって、起きる。そして、「母親」を、「母親」へと「自己移入」をすることによって、まさに、とらえる、ということを行なう。このことこそが、**「最初の自己移入」**である。

そして、さらに、「固有な身体」を持つ「自我」として、「母親」に限らず、あらゆる「他者」を、「自己移入」によってとらえることが起きる。そして、あらゆる「他者」を、自分自身と同様に、「固有な身体」を持つ「自我」としての在り方に基づく「環境」としての「世界」（＝「地平」）を持つ者として、とらえる、ということが起きる。そして、「子供（幼児）」は、自分自身を、そうした「他者」との、まさに「関係」ということ（「総合（Synthesis）」）において、とらえる。そして、そのことによって、さらには、誰もが、そうした、まさに「関係」の中に生きる、ということを、とらえ、踏まえる。そうしたことにおいては、「他者」が、自分自身にとっての「鏡像」としての在り方を持つ、というようにしてとらえる、ということが起きている。すなわち、「子供（幼児）」において、「他者」におけることを、あたかも、自分自身の「鏡像」であるかのようにとらえることに基づき、「他者」におけることによって、自分自身について、さらに分かる、ということが起きる。

こうしたことにおいて、「自我」という「極」（＝「中心」）が**はたらき合う**ことが起きている。そして、こうしたことにおいて、自らが「かかわる」「他者」がやはり「自己移入」を行ない得ている場合、一定の「他者」との間において、**「我‐汝の結び付き」**と言うべき「関係」がはたらく。

2.「客観性」をも伴なった在り方で「普遍性」が、「文化性」としてはたらく、ということ

そうした「自我」の「発生」の「第一段階」において、「子供（幼児）」が、「他者」との「かかわり」において、最も多く「かかわる」のは、やはり「母親」であり、そして、さらには「父親」である。〔このことにおいて、フッサールは、「子供（幼児）」において〈子供（幼児）‐母親・父親〉をめぐる一定の〝確執〟とそのことをめぐる一定の「抑圧」が起きるまでのことは述べるが、フロイトが述べるような「エディプス・コンプレックス」をめぐる「抑圧」についての議論に踏み込みはしない。そのようにして、フロイトの主張とは一線を画している。〕しかし、フッサールは、むしろ、「子供（幼児）」には、さらに多くの様々な「他者」とかかわることが、始まっている、ということについて述べる。すなわち、「子供（幼児）」には、既に、「人間」がつくり出す「環境」（「人間の環境」）と言うべきことの中に生きることが始まっている。そして、そうしたことにおいては、「人間の環境」においてはたらく〈「普遍性」を持つもの（「普遍的な」もの）〉がはたらき始めている。そして、そうしたことにおいて、「子供（幼児）」には、「文化性」がはたらく、ということに基づき、「普遍性」の立場がはたらき、それを担う、ということが始まっている。

そして、「母親」、「父親」はもちろんであるが、多くの様々な「他者」が〝実在性〟において「経験」（〝実感〟）されている。そうしたことにおいては、**「経験」（〝実感〟）される〝実在性〟としての「客観性」**がはたらいている。そして、そのことについて、「質料（ヒュレー）」がはたらく、という言い方ができる。そして、そうしたこと

において、「客観性」をも伴なった在り方で「普遍性」が、「文化性」において、はたらき始めている。

3.「言語的コミュニケーション」と、「自我」の「発生」の「第二段階」

そして、**「自我」の「発生」の「第二段階」**が、「自我」の〝実現の〟段階として起きる。

そのことは、「言葉」（さらには「言語」）を、まさに、使うようになる、ということに基づいている。「言葉」は、その基本において、事物など、それぞれ一定の対象の「名前（名称）」であるが、もともと、「名付ける」ということを行ない「同意（合意）」を行ない合う、ということによって、つくり出され、共通に使う（「普遍性」において使う）、ということに基づいて、成り立っている。そして、伴なわれている「意味」を媒介として、対象を「指示」する、ということとして始まった。

そして、「思い」を伝える「表現」をつくり出すことに基づいて、「文法」がつくり出され、一定の「体系」がつくられ、そして、**「体系」として「言語」**がつくり出される。

そして、「相互主体性」（さらに言えば、「共同性」）、すなわち「他者」との「かかわり」、として、次のことがはたらく。

「言葉」（さらには「言語」）に基づく「コミュニケーション」による「結び付き」としての「言語的コミュニケーション」。

このことにおいては、端的に、まさに、**「普遍性」がはたらく**、という言い方ができる。

そして、「言葉」の使われ始めとしての、「ママ」、「パパ」といった「言葉」には、「母親」、「父親」との「かかわり」において、「経験」（〝実感〟）において〝実在性〟がはたらく。そのようにして、**〝実在性〟としての「客**

観性」がはたらく。こうして、「言葉」（さらに言えば、「言語」）の「体系」には、基本的に、「本源的に」、〝実在性〟としての「客観性」がはたらく。そのようにして、「言葉」（さらに言えば、「言語」）の「体系」に基づく**「普遍性」の立場**には、どのようにせよ、「本源的に」、〝実在性〟としての「客観性」が伴なわれる。

そして、一定の〈「普遍性」を持つもの（「普遍的な」もの）〉は、「本源的に」、〝実在性〟としての「客観性」を伴なう在り方で、それぞれの「個人」、すなわち「主体」（＝「モナド」）において**「統合性」**をはたらかせる。すなわち、**「統合性」として、「自我」への「制御」をはたらかせる。**（このことを、それ自体として、取り出して言えば、フッサールは、フロイトが言う「超‐自我」、さらには、ラカンが言う「象徴界」とも重なる議論を行なっている。）

そして、**このようにして、「自我」の「発生」は、「第二段階」が、「自我」の〝実現の〟段階として起きる。**

4. あらためて、「普遍性」の立場

フッサールは、言わんとする。

「人間」に問われることは、次のことが、どのように、はたらき、どのように、まさに、生かされるか、ということである。

一定の〈「普遍性」を持つもの（「普遍的な」もの）〉が、「本源的に」、〝実在性〟としての「客観性」を伴なう在り方で、それぞれの「個人」、すなわち「主体」（＝「モナド」）において、「統合性」をはたらかせる。そして、そうしたこととして、「普遍性」の立場がはたらく。

そして、〝実在性〟としての「客観性」がはたらく、ということを、どのようにせよ、伴なった「普遍性」の立場が、一方において、まさに、はたらく、ということによってこそ、それぞれの「個人」は、まさに「事実的」「具体的」「主体」（＝「モナド」）として生きる。

そして、フッサールは、言わんとする。

そのことのために、まず、次のことを踏まえる必要がある。

「他者」は、〝否定し難い〟「経験」（〝実感〟）において〝実在性〟としての「客観性」を持つ。そして、「他者」との間においては、互いに、「潜在性」において、「自己移入」を、絶えず、はたらかせ合う。

その上で、あらためて、次のことがはたらく。

「自我」の「発生」の「第二段階」（「自我」の〝実現の〟段階）におけること、すなわち、「言葉」（さらには「言語」）に基づくこと（まさに、そうした在り方での「コミュニケーション」）は、「人間」において**「顕在性」**において、「自我」に、まさに**「統合性」**をはたらかせる。それぞれの「個人」には、「統合性」において、まさに「普遍性」の立場がはたらく。**「人間」に究極的に求められることは、次のことである。「普遍性」の立場がはたらくことによってこそ、それぞれの「個人」が、まさに「事実的」「具体的」「主体」（＝「モナド」）として生きる。**

それでは、「普遍性」として、究極的にはたらくことは何か？

「主体」（＝「モナド」）として、互いに、自らの、言わば「鏡映」を相手にとらえ、「自己移入」をはたらかせ合う者同士である、ということ、そして、さらに、**「言葉」（さらには「言語」）に基づく「コミュニケーション」による〝結び付き〟、としての「言語的コミュニケーション」**を行なう者同士である、ということであり、そうしたことにおいての**「公正」**ということであり、その「概念」としての「理念」である。そして、そうしたことに基づく**「規範」**である。

Ⅱ．1933年9月の論稿『普遍性の目的論（普遍的目的論）』をめぐって：「発生的現象学」の基盤

1．「性欲動」としての「欲動」

フッサールは、**「人間」**の**「自然的」在り方**を正面から踏み込んでとらえる。そして、フッサールは、フロイトの立場に示唆を受けて、「性欲動」として「欲動」が、「人間」には、「根源的に」はたらく、ということをもとに、「人間」に求められる在り方を明らかにする。

「性欲動」（＝「欲動」）は、直接的・「顕在的には」、「性的交接（性的な交わり）」へと向かう。しかし、言うまでもなく、「性欲動」（＝「欲動」）のはたらき方は、そうした直接的・「顕在的」在り方には、とどまらない。間接的・「潜在的には」、姿を変えて、様々な在り方で、まさに「根源的に」はたらく。

2．「欲動共同性」と、「主体」における「統合性」

「性欲動」（＝「欲動」）は、どのような在り方にせよ、様々に、「他者」との「かかわり」をはたらかせる。すなわち、そのようにして、「相互主体性」をはたらかせる。そして、そのことは、「人間」が、「本源的に」、「相互主体的」在り方を持つ、ということを明らかにしている。

そうしたことをも内実として踏まえた上で、それぞれの「個人」について、**「主体」（＝「モナド」）**という

言い方ができる。

そして、「相互主体的」在り方を持つ、ということは、どのようにせよ「共同主体的」在り方が、はたらく、ということである。すなわち、どのようにせよ、**「他者」との「かかわり」の広がり**がはたらく、ということである。そのようにして、**「欲動共同性」**は、潜在的共同性としての在り方で、「顕在的な」在り方での「共同性」に対してはたらく。「欲動共同性」は、そのようにして、**「普遍性」の立場**の基盤として、はたらく。「普遍性」の立場においては、非自然的な「概念」としての「理念」がはたらく。そのことに基づく**「規範」**がはたらく。そのことは、それぞれの「個人」、すなわち「主体」（＝「モナド」）において、**「統合性」**をはたらかせる。こうしたことを、「性欲動」（＝「欲動」）をめぐる「根本的な」在り方（「根本性」）として述べることができる。

3.「普遍性の目的論（普遍的目的論）」

「性欲動」（＝「欲動」）が、どのようにせよ、はたらく、ということにおいては、「他者」の「存在」を、否定し難い「経験」（実感）によって確信する、ということが起きている。さらに言えば、「他者」について「経験」（実感）される実在性としての「客観性」がはたらく。このことは、あらゆる「客観性」の、一方の出発点であり、一方の基盤である。

そして、「客観性」がはたらく中で、「主体」（＝「モナド」）には、一定の〈「普遍性」を持つもの（「普遍的な」もの）〉をつくり出し、それがはたらく、ということとしての「普遍性」の立場が「統合性」としての在り方ではたらく。そして、そうしたことを、実現するべき「目的」とする、ということがはたらく。そのようにして、「人間」には、**「普遍性の目的論（普遍的目的論）」**がはたらく。

4．「他者」へと向かう、ということ：「性的であるが故に社会的」である、ということ

「欲動」（＝「性欲動」）は、「生殖をめぐることを内容とするもの」という在り方を、直接的・「顕在的に」、そして、間接的・「潜在的に」、持つ。そして、そのようにして、「性欲動」（＝「欲動」）には、「他者」へと向かう、という在り方において、「欲動志向性」がはたらく。「主体」（＝「モナド」）は、「性欲動」（＝「欲動」）がはたらくことを基盤として、「他者」へと向かう。そして、それぞれの「主体」（＝「モナド」）は、どのようにせよ、「欲動」（＝「性欲動」）をはたらかせ合う。しかし、「欲動」（＝「性欲動」）は、「食欲」などのように、充足し切る、ということはない。すなわち、充足し切る、ということはない、という在り方において、様々に、はたらき続ける。

そして、「欲動志向性」に基づいて「欲動」（＝「性欲動」）をはたらかせ合う、ということによって、「主体」（＝「モナド」）たちにおいては、「欲動共同性」がはたらく。そして、そのことには、「欲動体系」が、問うべき**内実の〝濃密さ〟**を持ってはたらく。そして、こうしたことにおいて、究極的に「自然的な」ことが、「顕在的な」「共同性」の、まさに究極的な基盤としてはたらく。「欲動共同性」は、〝潜在的共同性〟として、「潜在性」の一定の極限としてはたらく。そのことを、根拠、まさに基盤として、「顕在性」の極限においては、〈「普遍性」を持つもの（「普遍的な」もの）〉をつくり出し、それがはたらく、ということとしての「普遍性」の立場がはたらく。そして、そのことによって、「主体」（＝「モナド」）には、「統合性」がはたらく。

そして、こうしたことに基づき、「人間」は、まさに、そうしたことに基づく**「性的人間」**としての在り方を持つ。

そして、「性的であるが故に社会的」である、という在り方がはたらく。そして、そのようなことに基づき、「人間」には、「〝より高度な〟動物」としての在り方がはたらく。

5.「自我」の「発生」をめぐって

「自我」の「発生」以前においては、「欲動志向性」の「潜在性」としての「意志志向性」がはたらく。そして、そのことは、その段階においての、「主体」（＝「モナド」）における「統合性」をはたらかせる。

そして、まさに、「欲動志向性」がはたらく中、「子供（幼児）」が、「他者」が「固有な身体」を持つことをとらえ、そして、自らが「固有な身体」を持つことをとらえ、そして、「第一段階」としての「自我」の「発生」が起きることに基づいて、そして、さらに、「他者」への「自己移入」を行なうことに基づいて、「子供（幼児）」において、「自我」は、「自我」自身を、自らにとってのあらゆる「はたらき」を、絶えず「現在」においてとらえる（そうしたこととしての「時間化」がはたらく）「極（Pol）」としてとらえる。そして、「他者」を、自らと同じように「自我」を持つ者として、とらえる。

そして、こうしたことにおいて、「自我」は、「他者」が**「超越」**という言い方さえできる〝他者性〟を持ち、そうしたことにおいて、「主体」（＝「モナド」）は、「他者」をそれぞれに**「特異性」**とも言える在り方を持つ、というようにとらえる。こうしたことを、「自我」の「発生」の「第一段階」の展開、として述べることができる。

フッサールは、こうした「他者」についての踏み込んだとらえ方において、一定の「本源的な」こととしての在り方を持つことが、〈子供（幼児）‐母親・父親〉という「関係」である、ということをも述べている。

しかし、フッサールは、「精神分析」が述べるような、〈子供（幼児）‐母親・父親〉において「エディプス・

コンプレックス」をめぐる「抑圧」が起きる、という議論に踏み込みはしない。そして、そのようにして「精神分析」と一線を画す。そして、フッサールは、とりわけ「言語」の、まさに「体系」としての習得が行なわれる中、「第二段階」においての「自我」の「発生」が起きることに基づき、次のことこそが起きるということを主張する。

一定の〈「普遍性」を持つもの（「普遍的な」もの）〉をつくり出し、それがはたらく、ということとしての「普遍性」の立場がはたらく。そして、「人間」には、そうしたことへと向かう「普遍性の目的論（普遍的目的論）」と言うべきことがはたらく。

そして、フッサールは、「ヨーロッパ的文化」を、「普遍性」の立場についての「文化」の一つの代表としてとらえ、そして、そのことに基づく、ということにおいては、そうした「ヨーロッパ的文化」を一定の代表とするような「文化」に基づくような「人間性」がはたらく、と述べることによって、「主体」（＝「モナド」）には、「文化性」が、「統合性」としてはたらく、ということを述べる。そして、フッサールは、「超越論的」立場と言われることは、そうした「文化性」が「統合性」としてはたらく、ということとしての在り方を持つと、とらえる。そして、もはや、そうしたこととしての「自我」の「発生」をめぐることを明らかにすることを、とりわけ「超越論的還元」である、と言わんとする。

6.「個体発生」と「系統発生」

フッサールは、次のことを述べる。

「主体」（＝「モナド」）において、「性欲動」（＝「欲動」）には、**「個体発生」においての、「人類」としての「生**

命的奔流〟がはたらく。そして、さらに言えば、「性欲動」(=「欲動」)には、**「生物」の「系統発生」における〝生命的奔流**〟がはたらく。そして、「個体発生」の在り方は、「系統発生」の在り方を「反復」する、とも言える在り方を持つ。

「人類」としての「個体発生」とは、次のことである。

(1)「子供(幼児)以前(出生以前(胎児の時期)をも含む、Vorkind)」の「段階」。

(2)「子供(とりわけ、幼児、Kind)」の「段階」。

(3)成長(成熟)した「人間」(Mensch)の「段階」。

「生物」としての「系統発生」とは、次のことである。

(1)「動物以前としての(そのような在り方で生物としての、vortierisch)」「段階」。

(2)「動物としての(tierisch)」「段階」。

(3)「〝より高度な〟動物としての(animalisch)」「段階」。

フッサールは、このような在り方で**〝生命的奔流〟の立場を主張する。そして、「人間」について、とかく目を向けることが避けられる〝深層〟を、正面から踏み込んでとらえ踏まえる立場**を主張する。

7.「女性」という「鏡像」

「女性」が、「性的交接(性的な交わり)」、すなわち「生殖のはたらき」を行ない、さらに、「母親」となり、すなわち、「子供」を生み、「子供」との「かかわり」を始める、という、「自然的なこと」は、「人間」が「人間」として「存在する」ことにおいての絶対的な基盤であるが、このことは、「人間」が、「相互主体性」、すなわち「他者」との「かかわり」、に基づく、ということを、究極的に、明らかにしている。すなわち、すべての「主体」（＝「モナド」）は、それぞれ、必ず、「人間」としての「出生」を「内在している」ということ、敢えて言えば、両親としての男女の「性的交接（性的な交わり）」（＝「生殖のはたらき」）を「内在している」ということを明らかにしているが故に、**「女性」がそのようであることは、「相互主体的な」こととしての、一定の極限であり、すべての人にとって、「相互主体的」であることについての「鏡像」としてはたらく。**

そして、こうしてはたらく極限的に「自然的な」「相互主体性」を、「潜在性」としての究極的な基盤とする、ということがはたらく。そうしたことに基づいて、「自我」の「発生」後にはたらく〝非自然的な〟「相互主体性」（さらに言えば「共同性」）が、まさに、はたらく。

そして、絶えず「現在」がはたらく、ということとしての「主体」（＝「モナド」）にとっての「時間化」がはたらく。しかし、そのことには、〝それ自体〟の「時間」として、すなわち、**「本源的な」こととして「生殖のはたらき」がはたらく、ということを明らかにしている〝それ自体〟の「時間」**として、「生物」としての「系統発生」、さらに、「人類」としての「個体発生」がはたらく。

8．「欲動」（＝「性欲動」）。「普遍性」の立場

すべての「主体」（＝「モナド」）は、それぞれ、必ず、「人間」としての「出生」を「内在している」ということ、敢えて言えば、両親としての男女の「性的交接（性的な交わり）」（＝「生殖のはたらき」）を、「内在している」ということは、さらに言えば、すべての「主体」（＝「モナド」）は、「欲動共同性」を「内在している」ということである。そして、「欲動共同性」を、「本源的な」基盤とした「相互主体性」（さらに言えば「共

同性」）の展開において、究極的には、繰り返し述べた、まさに、次のことこそが起きる。

「普遍性」の立場がはたらく。

そして、フッサールは、「人間」は「理性」を持つことによって、〝より高度な〟「動物」である、ということを述べる。

この場合の、「理性」を持つ、ということは、〝ありがちな〟〝理性主義〟ではない。次のことである。

様々な在り方においてはたらく「相互共同性」（さらに言えば「共同性」）に基づき「言語的コミュニケーション」を行ない、そうしたことに基づいて、一定の〈「普遍性」を持つもの（「普遍的な」もの）〉をつくり出し、それをはたらかせる。そうしたことにおいて、「普遍性」の立場に、基づく。

そして、〝より高度な〟「動物」という言い方で言わんとすることは、次のことである。

「人間」は、「欲動」（＝「性欲動」）という「自然的な」ことにおける究極的なことに基づいて、究極的に〝非自然的な〟こととして、一定の〈「普遍性」を持つもの（「普遍的な」もの）〉が、まさに一定の「普遍性」としての在り方において、「統合性」としてはたらく、という在り方こそを持つ。

そして、そうしたことが一方においてまさにはたらくが、そのことの故にこそはたらく、次のことが求められる。

それぞれの「個人」が、まさに「事実的」「具体的」「モナド（＝主体）」として生きる。

「発生的現象学」は、こうしたことをこそ主題化する。そして、その展開が求められる。

◎「現象学」の再生

以上のような「発生的現象学」の〝帰結〟、そして「発生的現象学」の基盤についての主張によって、どのようなことが展望できるのか？

まず、ハーバーマスをめぐって述べておきたい。

やがて、ハーバーマスは、次のことを述べる。**「言語行為」によって「同意（合意）」が行なわれることによってつくり出される「普遍性」を持った「規範」に、まさに基づく、という「道徳性」が、むしろ、「事実的」「具体的」である「個人」が自らの〝あるべき〟「倫理」に基づいて生きる、ということをもたらす。**

最後期のフッサールが明らかにした、**「普遍性」の立場**、言い換えるならば、**一定の〈「普遍性」を持つもの〈「普遍的な」もの〉〉のはたらきに基づくこととしての「統合性」の立場**は、こうしたハーバーマスの主張の先駆としての在り方を持つ。

しかし、最後期のフッサールには、その基盤に、ハーバーマスの主張には、とどまり得ない踏まえ方において、**〈「欲動」→「欲望」〉という〝生命的奔流〟**についての主張がはたらく。そこまでの「欲望」をめぐる主張は、フロイトの「精神分析」からの示唆を受けているとは言え、**既に「精神分析」を越え、どの程度にせよ、そして、どのようにせよ、後の、フランス系の「ポスト構造」の立場と〝結び付く〟ほどである。**すなわち、フッサールの「欲望」論は、その基本的な在り方の一つとして、**「欲動共同性」の立場として、〝単体〟としての「主体」にはとどまり得ない「欲望」論**としての在り方を持つ。フランス系の「ポスト構造」の立場において、とりわけ、ドゥルーズ、ガタリが述べる、machineという言い方がされる〈「人間」を中心とした〝動態的全体〟〉において「欲望的生産」としてはたらくとされる「欲望」は、その淵源をどこに持つのか？ すなわち、ドゥルーズ、ガタリの、そうしたとらえ方においてまったく主題化されるそうした「欲望」は、どのような淵源を持つのか？　そのように問わざるを得ない在り方で、まさに主題とされながらその淵源すなわち起源が実は〝不明な〟現代「欲望」論に対して、**フッサールの〈「欲動」→「欲望」〉という〝生命的奔流〟についての主張**は、むしろ、「欲望」について、正面を切って扱い得ている、とも言える。そうしたことからは、**フッサールの「欲望」論は、フランス系の「ポスト構造」の立場を〝越える〟面さえ持つ**と言える。しかし、次のことを述べる必要がある。フッサールには、「ポスト構造」の立場を、どのようにせよ、受け入れられないほどの**「普遍性」の立場**がはたらく。

このようにとらえる時、「現象学」は、既に「現代」の〝先端〟を担う複数の立場と〝肩を並べている〟。そして、次のことを述べることができる。「現象学」は、再生へと向かう。

後記

まず、次のことを述べておきたい。

フッサールにおける「現象学」の形成期においての、一定の〝頂点〟とも言える主張は、「意味」と相関する「超越論的主観性」についての主張である。しかし、やがて、フッサールは、「超越論的主観性」が、実は、「相互主体性（共同主体性）」であることに気づく。そして、さらには、「超越論的主観性」が、「生活世界」であることに気づく。そして、さらに、「超越論的主観性」として問うべきことが、「言語」であり〈「欲動」→「欲望」〉であることに気づく。こうしたことに基づくフッサールの立場の全体像を、とらえ、踏まえる、ということがされていないとすれば、それは、フッサールを、そして「現象学」を、基本的なところで、とらえそこなっていると言わざるを得ない。

本書は、書下ろしであるが、出発点の一つは、フッサールが既に『イデーンⅠ』において「感情」に基づいて「価値」について「分節」をする「価値覚（Wertnehmung）」ということを、「知覚（Wahrnehmung）」と併置する、という在り方において、その重要性について主張している、ということをめぐって、一九九〇年代の末頃から、述べさせて頂いた、ということにある。一九九九年頃、専修大学大学院の大庭健先生のご授業にお邪魔させて頂いた時に話させて頂き、二〇〇四年に、浜渦辰二先生（当時のご所属は、静岡大学であった）が早稲田大学大学院にお出でになり夏季集中講義をなさった折にお邪魔させて頂いた時に話させて頂いたことである。そのことは、論稿としてのまとまった形では、「初出について」において後掲した、二〇〇六年三月の専修大学『文研論集』第47号に、『フッサールにおける発生的現象学の前哨─「価値的客観」の構成・〈分節〉する「欲求」─』として掲載させて頂いた。その掲載の折には、専修大学の貫成人先生に掲載のご許可を頂き大変お世話になった。

なお、「価値覚」の主張は、前述のように、フッサールは『イデーンⅠ』において既に主張しているが、フッサール自身においては、過渡的な一面的議論としての在り方を持つ。本書においては、基本的に扱わなかった。

本書の、もう一つの出発点は、『フッセリアーナ』の中の『相互主観性（間主観性）の現象学』第三巻に所収された『普遍性の目的論（普遍的目的論）』(1933) についての、二〇〇〇年に入った頃からの検討である。当時、早稲田大学院にて随時発表させて頂いた。フッサールは、「性欲動 (Geschlechtstrieb)」としての「欲動」についての主題化を、フロイトの主張に示唆されて行ない、「欲動共同性 (Triebgemeinschaft)」もはたらく中で、「子供（幼児）」が、「言語」の習得に基づいて自らにおいて「統合性」をはたらかせるようになる、ということにおいて、「普遍性」の立場へと向かう、という「目的論」がはたらく、という主張をしていることについて、一定の展望を述べさせて頂いた。そのことは、論稿としてのまとまった形では、「初出について」において後掲した、二〇〇五年三月の専修大学『文研論集』第45号に、『フッサールにおける〈欲求的志向〉と言語―発生的現象学の展望―』として掲載させて頂いた。その掲載の折には、やはり、専修大学の貫成人先生に掲載のご許可を頂き大変お世話になった。

本書は、「現象学」についての拙論の書としては、三冊目となる。もともと、全三巻として上梓させて頂く予定であったが、第一巻としての『現象学の基底』を二〇〇六年九月に公刊させて頂いてから、私ごとながら、身辺のあわただしさの中で、九年を経て、二〇一五年三月に、第二巻としての『現象学の展開』を公刊させて頂いた。さらに三年を経た二〇一八年の今回公刊させて頂いた第三巻としての『現象学の再生』によって、「現象学」について述べざるを得ないことの、私においての、基本的なモチーフは、一応のまとまりを持つことになる。さらに述べるべきことは多々あるが、そうしたことは、さらに別途の著作において述べることにしたい。

専修大学において、哲学系、倫理学系の講義を担当させて頂き、哲学科の各先生方を始めとして、各学部にわたっての多くの先生方、職員の方々、さらには学生諸君に、お世話になり、深くお礼を申し上げます。

前専修大学教授（電気通信大学名誉教授）の林田新二先生から（私は不肖の弟子でありましたが）、そのお人柄、そのご研究姿勢等々において学ばせて頂いたことは、研究生活の絶えず支えであり続けています。専修大学の研究誌『生田哲学』、『文研論集』にいくつもの拙稿を掲載して頂く折など、数多くのことに、専修大学の、大庭健先生、金子洋之先生　貫成人先生には、とりわけお世話になり、また多くのことを学ばせて頂きました。浜渦辰二先生（大阪大学）からは、お会いできた折りに、「現象学」研究のいくつものご教示を頂きました。二〇一八年三月には、先生の大阪大学での最終のご講義を一部とは言え拝聴させて頂くことでご教示を頂けました。高橋順一先生（早稲田大学）からは、拙論の書をまとめるにあたり、原書をそろえ直して、確認し直すことにおいて、長きにわたり、繰り返し、ご支援を頂いています。それぞれの先生方に、心底よりの感謝を申し上げます。

　校正に際しては、学部同窓の小島（藤田）裕子氏にもお世話になりました。お礼申し上げます。本書の出版に際しましては、世界書院の、大谷浩幸さん、横山茂彦さん、服部一郎さんのお世話になりました。お三人の丁寧で、また迅速な仕事ぶりによって、本書は、出版することができました。また、世界書院の前代表の故大下敦史さんには、前々著の『現象学の基底』、前著の『現象学の展開』、そして本書に至るまで、絶えず寛大に大変にお心遣いを頂きました。世界書院の皆様に、心よりのお礼を申し上げます。

二〇一八年八月

金子淳人

初出について

本書は、書き下ろしであるが、着想の段階では、次の論稿をもとにしている。

フッサールにおける〈欲求的志向〉と言語―発生的現象学の展望―専修大学『文研論集』第45号、二〇〇五年三月

フッサールにおける発生的現象学の前哨―「価値的客観」の構成・〈分節〉する「欲求」―専修大学『文研論集』第47号、二〇〇六年三月

参考文献表

1．フッサール (Husserl,Edmund.) の著作。邦訳があるものについては、併記した。

PA：Husserliana Band Ⅶ：Philosophie der Arithmetik.

DR：Husserliana Band+ XⅥ：Ding und Raum.

LU Ⅰ：Logische Untersuchungen.Erster Band, Max Niemeyer, Tübingen,Vierte Auflage.
『論理学研究１』、立松弘孝訳、みすず書房。

LU Ⅱ /1：Logische Untersuchungen.Zweiter Band,Erster Teil,Max Niemeyer, Tübingen, Vierte Auflage.
『論理学研究２』、『論理学研究３』、立松弘孝訳、みすず書房。

LU Ⅱ /2：Logische Untersuchungen.Zweiter Band,Zweiter Teil,Max Niemeyer, Tübingen, Vierte Auflage.
『論理学研究４』、立松弘孝訳、みすず書房。

ID：　Husserliana Band Ⅱ：Die Idee der Phänomenologie.
『現象学の理念』、立松弘孝訳、みすず書房。

ID Ⅰ：Husserliana Band Ⅲ：Ideen zu einer reinen Phänomenologie und phänomenologischen Philosophie,Erstes Buch.（『純粋現象学と現象学的哲学の理念　第一巻』。『イデーンⅠ』と略した。）
『イデーンⅠ-１』、『イデーンⅠ-２』、渡邊二郎訳、みすず書房。

ID Ⅱ：Husserliana Band. Ⅳ：Ideen zu einer reinen Phänomenologie und phänomenologischen

Philosophie,Zweites Buch.（『イデーンⅡ』と略した。）
『イデーンⅡ - 1』、立松弘孝・別所良美訳、『イデーンⅡ - 2』、立松弘孝・榊原哲也訳、みすず書房。
V（ID Ⅲ）：Husserliana Band V：Ideen zu einer reinen Phänomenologie und phänomenologischen Philosophie dritter Buch.〔『イデーンⅢ』と略した。『イデーンⅠ』の『後記(Nachwort)』所収。『イデーンⅠ』の『後記』の邦訳は、『イデーンⅠ - 1』に所収(PP..11 - 45)。〕
『イデーンⅢ』、渡邊二郎・千田義光訳、みすず書房。
PZ：Husserliana Band X：Zur Phänomenologie des inneren Zeitbewusstseins.
『内的時間意識の現象学』、谷徹訳、筑摩書房（ちくま学芸文庫）。
EP：Husserliana Band XXXV：Einleitung in die Philosophie Vorlesungen 1922/23.
CM：Husserliana Band Ⅰ Cartesianische Meditationen und Pariser Vorträge.
『デカルト的省察』、浜渦辰二訳、岩波書店（岩波文庫）。
FTL：Husserliana Band. XⅦ：Formale und transzendentale Logik.
『形式論理学と超越論的論理学』、立松弘孝訳、みすず書房。
PP：Husserliana Band. Ⅸ：Phänomenologische Phsychologie, Encyclopaedia-Britannca-Artikels〔邦訳『「ブリタニカ」草稿』、谷徹訳、筑摩書房（ちくま学芸文庫）〕を所収。
PS：Husserliana Band. XⅠ：Analysen zur passiven Synthesis.
『受動的綜合の分析』、山口一郎・田村京子訳、国文社。
EU：Erfahrung und Urteil:Untersuchung zur Genealogie der Logik.Academia Verlag,Prag,1938.

『経験と判断』、長谷川宏訳、河出書房新社。

KW：Husserliana Band. Ⅵ：Die Krisis der europäischen Wissenschaften und die transzendentale Phänomenologie.

『ヨーロッパ諸学の危機と超越論的現象学』、細谷恒夫・木田元訳、中央公論社。〔Die Frage nach den Ursprung der Geometrie als intentionalhistorisches Problem(いわゆる『幾何学の起源』)所収。〕

BW：Husserliana Band. ⅩⅩⅩⅢ：Die Bernauer Manuskripte über das Zeitbewusstsein.

AF37：Husserliana Band. ⅩⅩⅩⅢ：Aufsätze und Vorträge(1922-1937).

LW：Husserliana Band. ⅩⅩⅩⅨ：Lebenswelt：Auslegungen der Vorgegebenen Welt und ihrer Konstitution.

PI Ⅰ：Husserliana Band. ⅩⅢ：Zur Phänomenologie der Intersubjektivität Ⅰ.

PI Ⅱ：Husserliana Band. ⅩⅣ：Zur Phänomenologie der Intersubjektivität Ⅱ.

PI Ⅲ：Husserliana Band. ⅩⅤ：Zur Phänomenologie der Intersubjektivität Ⅲ.

邦訳（部分訳）、『間主観性の現象学　その方法』、『間主観性の現象学Ⅱ　その展開』、『間主観性の現象学Ⅲその行方』、浜渦辰二・山口一郎監訳、筑摩書房。

なお、本書において、特に取り上げた二論稿は、次の通りである。

Universale Teleologie.Der inersubjektive,alle und jede Subjekte umspannende Trieb transzendental gesehen. Sein der monadischen Totalität. PI Ⅲ 593 - 612.

Das　Kind.Die erste Einfühlung. PI Ⅲ 604 - 608.

２．フッサール以外の人物の著作で、特に参照した著作について、人物（アルファベット順）ごとに掲載した。邦訳があるものについては、併記した。

Aristotelēs（アリストテレス）．邦訳〔岩波書店、新版（内山勝利・神崎繁・中畑正志編集委員）〕『アリストテレス全集』第８巻〔『動物誌』（上）〕、第９巻〔『動物誌』（上）〕、第１０巻〔『動物の諸部分について（動物部分論）』、『動物の運動について（動物運動論）』、『動物の進行について（動物進行論）』〕、邦訳〔岩波書店、旧版（島崎三郎訳）『アリストテレス全集』第９巻〔『動物発生論』他〕。

Darwin.Charles（ダーウィン）.The origin of species by means of natural selection or The preservation of favoured races in the struggle for life,6th ed. J.Murray,London.
『種の起源』、岩波書店（岩波文庫）、八杉龍一訳。

Freud.Sigmund（フロイト）. von Breuer und Freud(Breuer との共著).Studien über Hystherie, Deuticke.Leipzig und Vienna. 1895.
『ヒステリー研究』、邦訳〔岩波書店、新宮一成・鷲田清一・道籏泰三・高田珠樹・須藤訓任編集委員〕『フロイト全集』第２巻。

—,Die Traumdeutung, Deuticke,Leipzig und Wien, 1900.
『夢解釈（夢判断）』、『フロイト全集』（同上）第４巻、第５巻。
—,Zur psychopathologie des Alltagsleben,Monatsschr.Psyiat.Neuolog.10(1),1-32,(2),95-143.
『日常生活の精神病理学』、『フロイト全集』（同上）第７巻。
—,Drei Abhandlungen zur Sexualtheorie, Deuticke,Leipzig und Wien, 1905.
『性理論三篇（性欲論三篇）』、『フロイト全集』（同上）第６巻。
—,Totem und Tabu, Heller,Leipzig und Vienna, 1913.
『トーテムとタブー』、『フロイト全集』（同上）第１２巻。
—,Die Verdrängung,Int. Z.psychoanal.,3(3),129-138,1915.
『抑圧』、『フロイト全集』（同上）第１４巻。
—,Vorlesungen zur Einführung in die Psychoanalyse, Heller, Leipzig und Vienna, 1917.
『精神分析入門講義』、『フロイト全集』（同上）第１５巻。
—,Jenseits des Lustprinzips, Internationaler Psychoanalytischer Verlag,Leipzig,Vienna und Zurich, 1920.
『快感原則の彼岸』、『フロイト全集』（同上）第１７巻。
—,Das Ich und das Es, Internationaler Psychoanalytischer Verlag,Leipzig,Vienna und Zurich, 1923.
『自我とエス』、『フロイト全集』（同上）第１８巻。
—,Die Zukunft einer Illusion, Internationaler Psychoanalytischer Verlag,Leipzig,Vienna und Zurich, 1927.
『ある幻想の未来（ある錯覚の未来）』、『フロイト全集』（同上）第２０巻。

—,Das Unbehagen in der Kultur, Internationaler Psychoanalytischer Verlag, Leipzig,Vienna und Zurich, 1930.
『文化への不満（文化の中の居心地悪さ）』、『フロイト全集』（同上）第２０巻。

—,Neue Folge der Vorlesungen zur Einführung in die Psychoanalyse, Internationaler Psychoanalytischer Verlag,Leipzig,Vienna und Zurich ,1933.
『続・精神分析入門講義』、『フロイト全集』（同上）第２１巻。

—,Warum Krieg?, Internationales Institut für Geistige Zusammenarbeit(Völkerbund), Paris,1933.
『戦争はなぜ?』、『フロイト全集』（同上）第２１巻。

—,Der Mann Moses und die Monothesistische Religion:Drei Abhandlunngen 1.Allert de Lange, ,Amsterdam, 939(1934-38).
『人間モーセと一神教』、『フロイト全集』（同上）第２２巻。

Habermas,Jürgen（ハーバーマス）,Strukturwandel der Öffentlichkeit：Untersuchungen zu einer Kategorie der bürgerlichen Gesellschaft,Neuwied(Luchterhand),Berlin,1962.
『公共性の構造転換』、細谷貞雄・山田正行訳、未來社、１９７３年。

—,Technik und Wissenschaft als〉Ideologie〈Suhrkamp,Frankfurt a.M., 1968.
『〈イデオロギー〉としての技術と科学』、長谷川宏訳、紀伊國屋書店、１９７０年。

—,Erkenntnis und Interesse. Suhrkamp,Frankfurt a.M., 1968.

『認識と関心』奥山次良・八木橋貢・渡辺祐邦訳、未来社、１９８１年。
―,Zur　Logik der Sozialwissenschaften,Suhrkamp,Frankfurt a.M.,1970.
『社会科学の論理によせて』、清水多吉・木前利秋・波平恒男・西阪仰訳、国文社、１９９１年。
―,Vorlesungen zu sprachtheoretische Grundlegung der Soziologie.〔ハーバーマスのプリンストン大学での講演(1970/71)、次の著作に所収されている。Vorstudien und Ergänzungen zur Theorie des kommunikativen Handelns, Suhrkamp,Frankfurt a. M., 1984.〕
『社会学の言語論的基礎に関する講義（意識論から言語論へ）'1970/1971』、森元孝・干川剛史訳、マルジュ社、１９９０年。
―,Theorie des Kommunikativen Handelns,Suhrkamp, Band Ⅰ,Suhrkamp,Frankfurt a.M.,1981.
―,Theorie des Kommunikativen Handelns,Suhrkamp, Band Ⅱ,Suhrkamp,Frankfurt a.M.,1981.
―,Theorie des Kommunikativen Handelns,Suhrkamp, Band Ⅲ,Suhrkamp,Frankfurt a.M.,1981.
上記３巻の邦訳『コミュニケーション的行為の理論』（上）・（中）・（下）、丸山高司・丸山徳次・厚東洋輔・森田数実・馬場孚瑳江・脇圭平訳、未來社、１９８５・１９８６・１９８７年。
―,Nachmetaphysisches Denken;phylosophische Aufsätze ,Suhrkamp,Frankfurt a.M., 1988.
『ポスト形而上学の思想』、藤沢賢一郎・忽那敬三訳、未來社、１９９０年。
Habermas,J./Luhmann,N., Theorie-Diskussion:Theorie der Gesellschaft oder Sozialtechnologie.:Was leistet die Systemforschung? Suhrkamp,Frankfurt a. M.,1971.
『批判理論と社会システム論：ハーバーマス・ルーマン論争』（上）・（下）、佐藤嘉一・山口節郎・藤沢賢一郎訳、木鐸社、１９８４・１９８７年。

——,Moralbewusstsein und kommunikatives Handeln, Suhrkamp,Frankfurt a.M.,1983.
『道徳意識とコミュニケーション行為』、三島憲一・中野敏男・木前利秋訳、岩波書店、１９９１年。

——,Texte und Kontexte, Suhrkamp,Frankfurt a.M.,1991.
『テクストとコンテクスト』、佐藤嘉一・赤井正二・斎藤真緒・井上純一・出口剛司訳、晃洋書房、２００６年。

——,Erläuterungen zur Diskurethik, Suhrkamp,Frankfurt a.M.,1991.
『討議倫理』、清水多吉・朝倉輝一訳、法政大学出版局、２００５年。

——,Faktizität und Geltung, Suhrkamp,Frankfurt a.M.,1992.
『事実性と妥当性』（上）・（下）、河上倫逸・耳野健二訳、未來社、２００２・２００３年。

——,Die Einbeziehung des Anderen, Suhrkamp,Frankfurt a.M.,1996.
『他者の受容』、高野昌行訳、法政大学出版局、２００４年。

Heidegger,Martin（ハイデガー）,Sein und Zeit,Max Niemeyer,Tübingen,1927.
『存在と時間』〔『世界の名著（第２８巻）』、原佑・渡邊二郎訳、１９８０年〕所収。

Lacan,Jacques（ラカン）,De la psychose paranoïaque dans ses rapports avec la personnalité,Le François,Paris,1932.

『人格との関係から見たパラノイア性精神病』、宮本忠雄・関忠盛訳、朝日出版社。
―,Écrits,Seuil,Paris,1966.
『エクリ1』、『エクリ2』、『エクリ3』、宮本忠男・佐々木孝次他訳、弘文堂、１９７２・１９７７・１９８１年。
―,Préface à l' ouvrage de A.Hesnard : L' oeuvre de Freud et son importance dans le monde moderne,Payot,Paris,1960.
―,Le Séminaire,Livre Ⅰ :Les écrits techniques de Freud ,1953-1954,Seuil, Paris,1975.
『フロイトの技法論』（上）・（下）、小出浩之・鈴木國文・小川豊昭・南淳三訳、岩波書店。
―,Le Séminaire,Livre Ⅱ :Le moi dans la théorie de Freud et dans la technique de la psychanalyse,1954-1955,Seuil, Paris,1978.
『フロイト理論と精神分析技法における自我』（上）・（下）、小出浩之・鈴木國文・小川豊昭・南淳三訳、岩波書店。
―,Le Séminaire,Livre Ⅲ :Les psychose,1955-1956,Seuil, Paris,1981.
『精神病』（上）・（下）、小出浩之・鈴木國文・川津芳照・笠原嘉訳、岩波書店。
―,Le Séminaire,Livre Ⅳ :La relation d'objet 1956-1957,Seuil, Paris,1994.
『対象関係』（上）・（下）、小出浩之・鈴木國文・菅原誠一訳、岩波書店。
―,Le Séminaire,Livre Ⅴ :Les formations de l' inconscient,1957-1958,Seuil, Paris,1998.
『無意識の形成物』（上）・（下）、佐々木孝次・原和之・川崎惣一訳、岩波書店。
―,Le Séminaire, Lacan Livre Ⅶ :L' éthique de la psychanalyse,1959-1960, Seuil, Paris,1986.
『精神分析の倫理』（上）・（下）、小出浩之・鈴木國文・保科正章・菅原誠一訳、岩波書店。

—,Le Séminaire, Livre Ⅷ :Le Transfert,1960-1961,Seuil, Paris,1991,2001（第2版」).
『転移』（上）・（下）、小出浩之・鈴木國文・菅原誠一訳、岩波書店。
—,Le Séminaire, Livre Ⅹ :L・angoisse,1962-1963,Seuil, Paris,2004.
—,Le Séminaire ,Livre Ⅺ Les quatre concepts fondamentaux de la psychanalyse 1963-1964, Seuil, Paris,1973.
『精神分析の四基本概念』小出浩之・新宮一成・鈴木國文・小川豊昭訳、岩波書店。
—,Le Séminaire,Livre ⅩⅦ :L・envers de la psychanalyse 1969-1970,Seuil, Paris,1992.
—,Le Séminaire,Livre ⅩⅩ :Encore 1972-1973,Seuil, Paris,1975.

Leibniz,Gottfried,Wilhelm（ライプニッツ）,Mo：Monadologie,neu übersetzt von Hermanr,Glockner,Stuttgart ,Reclam.
『モナドロジー』（清水富雄・竹田篤司・飯塚勝久訳、中央公論社・中公クラシックス『モナドロジー・形而上学叙説』所収）
—,Metaphysische Abhandlung, neu übersetzt von Herbert Herring,Hamburg,F.Meiner.
『形而上学叙説』（清水富雄・竹田篤司・飯塚勝久訳、中央公論社・中公クラシックス『モナドロジー・形而上学叙説』所収）

Lévinas,Emanuel（レヴィナス）,TI：Totalité et infini,Kluwer,Dordrecht,1961.
『全体性と無限』、合田正人訳、国文社、１９８９年。熊野純彦訳、（上）・（下）、岩波書店（岩波文庫）、

２００５・２００６年。
——,Aurement qu・être ou au-dela de l・essence,Kluwer,Dordrecht,1974.
『存在の彼方へ（存在するとは別の仕方で）』、合田正人訳、講談社（学術文庫）、１９９９年。
——,De l・existence à l' existant,J.Vrin,Paris,1947.
『実存から実存者へ』、西谷修訳、講談社（学術文庫）、１９９６年。
——,Les inprévus de l・historie,Fata Morgana,Saint-Clement-la-Riviere,Paris,1994.
『歴史の不測』、合田正人・谷口博史訳、法政大学出版局、１９９７年。
——,Entre nous,Éditions Grasset et Fasquelle,Paris,1991.
『われわれのあいだで』、合田正人・谷口博史訳、法政大学出版局、１９９３年。
——,La théorie de l・intuition dans la phenomenologie de Husserl,Félix Alcan,Paris,1930.
『フッサール現象学の直観理論』、佐藤真理人・桑野耕三訳、法政大学出版局、１９９１年。
Merleau-Ponty,Maurice（メルロ・ポンティ）,La Phénoménologie de la Perception, Gallimard,Paris,1945.
『知覚の現象学』⑴・⑵、竹内芳郎・小木貞孝・木田元・宮元忠雄訳、みすず書房、１９６７・１９７４年。
——,Le visible et l・invisible,Gallimard, Paris, 1964,
『見えるものと見えないもの』、木田元・滝浦静雄訳、みすず書房、１９８９年。
——,es relations avec autrui chez l・enfant.(1951)in：Les cours de Sorbonne,Centre de documentation Universitaire,1962.『幼児の対人関係』、『眼と精神』（木田元・滝浦静雄訳、みすず書房、１９６６年）所収。

—,Signes,Gallimard,Paris,1966.
『シーニュ』⑴・⑵、竹内芳郎・木田元・滝浦静雄・佐々木宗雄・二宮敬・朝比奈誼・海老名武訳、みすず書房、１９７０年。

Witgenstein,Ludwig(ウィトゲンシュタイン),Philosophische Untetsuchungen,Basil Blackwell & Mott Ltd,Oxford,1955.
『哲学研究』（『ウィトゲンシュタイン全集８』）、藤本隆志訳、大修館書店、１９７６年。

３．フッサール以外の人物の著作で、上記の２、の著作に準じて参照した著作について、人物（アルファベット順）ごとに掲載した。邦訳があるものについては、併記した。

Adachi,Kazuhiro（足立和浩）,『人間と意味の解体』、勁草書房、１９７８年。
—,『戯れのエクリチュール』、現代思潮社、１９７８年。
—,『エクリチュールをめぐって』、白水社、１９８０年。

Adorno,Theodor, Wilhelm（アドルノ）, Zur Metakritik der Erkenntnistheorie : Studien über Husserl und die phänomenologischen Antinomien,Suhrkamp,2.Auflage 1981. (Suhrkamp 社の『アドルノ全集』第５巻第２版を使用したが、著作自体の初版は１９５６年である。）『認識論のメタクリティーク』、古賀徹・細見和之訳、法政大学出版局、１９９５年。

—,Negative Dialektik,Suhrkamp,Frankfurt a.M.1966.『否定弁証法』、木田元・徳永恂・渡辺裕邦・三島憲一・須田朗・宮武昭訳、作品社、１９９６年。

Aganben,Giorgio（アガンベン）,Bartleby,la formula della creazione,Macerata,Quodlibet,1993.『バートルビー：偶然性について』、月曜社、２００５年。

—,Homo Sacer：il potere sovrano e la nuda vita,Giulio Einaudi Editore S.p.A.,Torino ,1995.『ホモ サケル 主権権力と剝き出しの生』、高桑和巳訳、以文社、２００３年。

—,Stato di Bachmann, Bollati Boringhieri, Torino,2003.『例外状態』、中村勝己訳、未来社、２００７年。

Apel,Karl-Otto（アーペル）,Transformation der Philosophie. Band Ⅰ, Suhrkamp, Frankfurt a.M.,1973.（抄訳）『哲学の変換』、磯江景孜他訳、二玄社、１９８６年。（Sprache als Thema und Medium der transzendentalen Reflektion：Zur Gegenwartssituation der Sprachphilosohie,1968. 所収。）

—,Transformation der Philosophie. Band Ⅱ, Suhrkamp, Frankfurt a.M., 1973. 前掲、（抄訳）『哲学の変換』、磯江景孜他訳、二玄社、１９８６年。

—,Sprache und Erkenntnis,herausgegeben von Heinrich Starke,Anton Hain,Meisenheim am Glan,1972.『言語と認識』、飛田就一他訳、法律文化社、１９８０年。

Arendt,Hannah（アーレント）,The Origins of Totalitarianism,Harcourt,Brace,New York,1951.『全体主義

の起源』、大久保和郎他訳、みすず書房、(1)・(2)・(3)、１９７２・１９７２・１９７４年。

—,The Human Conditions,the University of Chicago Press,Chicago,1958.『人間の条件』、志水速雄訳、中央公論社、１９７３年。

—,On Revolution,Viking Press, New York,1963.『革命について』、清水速雄訳、中央公論社、１９７５年。

Austin,John,Langshaw（オースティン）,How to Do Things with Words,Oxford University Press,Oxford,1962.『言語と行為』、中村百大訳、大修館書店、１９７８年。

Beck,Ulrich（ベック）,Riskogesellschaft：Auf dem Weg in eine andere Moderne,Suhrkamp,Furankfurt a.M.,1986.『危険社会　新しい近代への道』、東廉・伊藤美登里訳、法政大学出版局、１９９８年。

—,Das Schweigen der Wörter, Suhrkamp,Furankfurt a.M.,2002.『世界リスク社会論』、島村賢一訳、平凡社、２００３年。ちくま学芸文庫、２０１０年。

Benjamin,Walter（ベンヤミン）, Probleme der Sprachsoziologie：Ein Sammelreferat,1935,in：Gesammelte Schriften,Band Ⅲ ,Suhrkamp,Frankfurt a.　M.,1955.『言語社会学の問題』（『ヴァルター・ベンヤミン著作集』３、佐藤康彦訳、晶文社、１９８１年。）所収。

—,Über Sprache überhaupt und über die Sprache des Menschen,1916,in：Gesammelte Schriften,Band Ⅱ・1 ,Suhrkamp,Frankfurt a.　M.,1955.『言語一般および人間の言語』（『ヴァルター・ベンヤミン著作集』３、佐藤

康彦訳、晶文社、１９８１年。）所収。

Berger,Peter（バーガー）（& Luckman.Thomas,）, The Social Construction of Reality : a treatise in the sociology of knowledge, Doubleday Anchor,New York, 1966.『日常世界の構成』、山口節郎訳、新曜社、１９７７年。

Bernet,Rudolf（ベルネ）,Edmund Husserl:Darstellung seines Denkens,Felix Meiner,Hamburg,1989.『フッサールの思想』、千田義光・鈴木琢真・徳永哲郎訳、哲書房、１９９４年。

Biemel,Walter（ビーメル）,Husserls Encyclopaedia-Britannica-Artikel und Heideggers Anmerkungen dazu,in:Husserl,hrsg.v.H.Noack.Darmstadt,1973.

Boss,Medard（ボス）,ZollikonerSeminare:Protokolle,Gesprache, Briefe:Heidegger, Klosterman, Frankfurt a.M.,1987.『ツォリコーン・ゼミナール』、木村敏・村本詔司訳、１９９１年、みすず書房。

Brand,Gerd（ブラント）,Welt,Ich und Zeit:nach unveröffentlichten Manuskripten Edmund Husserls,Martinus Nijhoff,Den Haag,1955.『世界、自我、時間』、新田義弘・小池稔訳、国文社、１９７６年。

—,Kommunikationskultur und Weltverständnis, (beitr.von Brand,Gerd und Kockelmans, Joseph,J.), Karl

Alber, Freiburg,1977

Carr,David（カー）, Interpreting Husserl Critical and comparative studies,Kluwer, Dordrecht,1987.『フッサール』、磯江景孜・品川哲彦・松尾宣昭・松田毅訳、晃洋書房、１９９３年。

Cassirer,Ernst（カッシーラー）,Der Philosophie der symbolischen Formen,Band Ⅰ：Die Sprache-Bruno Cassirer Verlag,Berlin,1923.『シンボル形式の哲学⑴言語』、生松敬三・木田元訳、岩波書店（岩波文庫）、１９８９年。

—,Der Philosophie der symbolischen Formen,Band Ⅱ：Das mythische Denken,1925.『シンボル形式の哲学⑵神話的思考』、木田元訳、岩波書店（岩波文庫）、１９９１年。

—,Der Philosophie der symbolischen Formen,Band Ⅲ：Phänomenologie der Erkenntnis,1929.『シンボル形式の哲学⑶認識の現象学（上）』、木田元・村岡晋一訳、岩波書店（岩波文庫）、１９９４年。『シンボル形式の哲学⑷認識の現象学（下）』、木田元訳、岩波書店（岩波文庫）、１９９７年。

Chomsky,Noam（チョムスキー）, Syntactic Structures,Mouton,Hague,1956.『文法の構造』、勇康雄訳、研究社、１９６３年。

—,Aspects of the Theory of Syntax.M.I.T. Press,Cambridge,Mass.,1965.『文法理論の諸層』、安井稔訳、研究社、１９７０年。

Claesges,Ulrich,（クレスゲス）,Zweideutigkeiten in Husserls Lebenswelt-Begriff,in: Perspektiven tanszendental-phänomenologicher Forshung.Landgrebe.Ludwig, zum 70.Geburtstag,Martinus Nijhoff,Den Haag,1972.「フッサールの生活世界概念に含まれる二義性」、鷲田清一・魚住洋一訳、『現象学の根本問題』（新田義弘・小川況編）所収、晃陽書房、１９７８年。

Danto,Arthur,Coleman（ダント）,Analytical philosophy of history,Cambridge University Press,Cambridge,1965.『物語としての歴史：歴史の分析哲学』、河本英夫訳、国文社、１９８９年。

Davidson,Donald（デヴィッドソン）,Subjective,intersubjective,objective,Carendon Press,Oxford,2001.『主観的、間主観的、客観的』、清塚邦彦・柏端達也・篠原成彦訳、春秋社、２００７年。

Deleuze,Gilles（ドゥルーズ）,Différence et repetition,Presses Universitaires de France,Paris,1968,『差異と反復』、財津理訳、河出書房新社、１９９２年。

―,et Guattari, L・ Anti-Œdipe:Capitalisme et schizophrénie,Minuit,Paris,1972.『アンチ・オイディプス（エディプス）』（上）・（下）、宇野邦一訳、河出書房新社（河出文庫）、２００６年。

―,et Guattari, Félix,Mille Plateaux :Capitalisme et schizophrénie,Minuit,Paris,1980.『千のプラトー』（上）・（中）・（下）、宇野邦一・小沢秋広・田中俊彦・豊崎光一・宮林寛・守中高明訳、河出書房新社（河出文庫）、２０１０年。

—,et Guattari, Félix,Qu・est-ce que la Philosophie? .Minuit,Paris,1991.『哲学とは何か?』、財津理訳、河出書房新社、１９９７年。

Derrida,Jacques（デリダ）, La Voix et le phénomèn:introduction au problème du signe dans la phénoménologie de Husserl. Presses Universitaires de France, Paris,1967.『声と現象』、高橋允昭訳、理想社、１９７０年。林好雄訳、筑摩書房、２００５年。

—,Limited Inc.,Galilée, Paris,1990. 以下の論稿が所収されている。Signature événement contexte（もともとの所収は、次の通りである。Marges de la philosophie.pp.365-393,Minuit, Paris,1972.）さらに、この論稿への、サールの反批判『差異ふたたび、デリダへの反論（ジェラルド・グラフ（Gerald Graff）による要約）』、デリダの、さらなる反批判『有限責任会社 abc・・・』、さらに、デリダがジェラルド・グラフにあてて書いた『討議の倫理に向けて』が、収録されている。邦訳『有限責任会社』、高橋哲哉・増田一夫・宮崎裕助訳、法政大学出版局、２００２年。

—,L・origine de la géometrie traduction par Jacques Derrida,Presses Universitaires de France,Paris,1962.『幾何学の起原』、田島節夫・矢島忠夫・鈴木修一訳、青土社、１９７６年。

—,De la Grammatologie,Minuit,Paris,1967.『根源の彼方に—グラマトロジーについて』（上）・（下）、足立和浩訳、現代思潮社、１９７２年。

Deutsch,K.W.（ドイチェ）, Nationalism and Social Communication,Chapman and Hall,London,1953.

Dilthey, Wilhelm（ディルタイ）, Gesammelte Schriften Band Ⅴ.：Die geistige Welt：in die Philpsophie des Lebens,1.Häfte.（次の版を使用した。B.G.Teubner,Leipzig und Belrin,1924.）

—, Die geistige Welt：in die Philosophie des Lebens,2.Häfte.（次の版を使用した。B.G.Teubner,Leipzig und Belrin,1924.）

—, Gesammelte Schriften Band Ⅶ.：Der Aufbau der geschichtlichen Welt in den Geisteswissenschaften. Königlhe Akademie der Wissenschaften, Berlin,1910.（次の版を使用した。B.G.Teubner, Leibzig und Berlin,1927.）『精神科学（精神学）における歴史的世界の構成（１９１０年）』、『精神科学（精神学）における歴史的世界の構成 続編の構想（１９１０年頃）』、『ディルタイ全集』第４巻（西村晧・牧野英二編集代表、法政大学出版局、２０１０年）に所収。

—, Einleitung in die Geisteswissenschaften:Versuch einer Grundlegung für das Studium der Gesellschaft und der Geschichte,Duncker & Humblot,Leipzig,1883.『精神科学（精神学）序説』、『ディルタイ全集』第１巻（西村晧・牧野英二編集代表、法政大学出版局、２００６年。）に所収。

Dreyfus,Hubert,L.（ドレイファス）,Being-in-the-world:commentary on Heidegger・s being and time,M.I.T. Press,Cambridge ,Mass.,1991.『世界内存在：『存在と時間』における日常性の解釈学』、門脇俊介監訳、榊原哲也・貫成人・森一郎・轟孝夫訳、産業図書、２０００年。

Dummett,Michael（ダメット）,Origins of Analogical Philosophy,Duckworth,London,1993.『分析哲学の起源』、野本和幸・高橋要・岡本賢吾・長沼淳訳、勁草書房、１９９８年。

—,The Philosophical Basis of Intuitionistic Logic,in：Logic Colloquium,Amsterdam,1973.

—,Frege：Philosophy of Language,Duckworth,London,1973.

—,The Interpretation of Frege's Philosophy,Harvard University Press,Cambridge,Mass.,1981.

—,Frege and other philosophers,Oxford University Press,Oxford,1991.

—,Frege:Philosophy of mathematics,Duckworth,London,1991.

Ehara,Yumiko（江原由美子）,『生活世界の社会学』、勁草書房、１９８５年。

Fink,Eugen（フィンク）,Grundphänomene des menschlichen Daseins,Karl Alber,Freiburg 1979.『人間存在の根本現象』、千田義光訳、哲書房、１９８２年。

—,Spiel als Weltsymbol,W.Kohlhammer,Stuttgart,1960.『遊び―世界の象徴として』、千田義光訳、せりか書房、１９８５年。

—,Die phänomenologische Philosophie Edmund Husserls in der gegenwärtigen Kritik,Par.E.erlin,1934.

Foucought,Michael（フーコー）,Naissance de la biopolitique,Cours au Collège de France(1978-79),Gallimard,Sruil,2004.『生政治の誕生』、慎改康之訳、筑摩書房、２００８年。

—,L'heméneutique du sujet,Cours au Collège de France(1981-82), Gallimard,Sruil,2001.『主体の解釈学』、廣瀬浩司・原和之訳、筑摩書房、２００４年。

—,Le gouvernement de soi et des autres,Cours au Collège de France(1982-83), Gallimard,Sruil,2001.『自己と他者の統治』、阿部崇訳、筑摩書房、２０１０年。


Frege,Gottlob（フレーゲ）,Begriffsschrift,eine der arithmetischen nachgebildete Formelsprache des reinen Denkens,Louis Nebert,Halle,1879.『概念記法』、『フレーゲ著作集』１（藤村龍雄訳、勁草書房、１９９９年）所収。

—,Die　Grundlagen der Arithmetik,Breslau,1884.『算術の基礎』、『フレーゲ著作集』２（三平正明・土屋俊・野本和幸訳、勁草書房、２００１年）所収。

—,Über Sinn und Bedeutung,in:Zeitschrift für Philosophische Kritik,SS..25-50.,1892.『意味とイミについて』、『フレーゲ著作集』４（土屋俊訳、勁草書房、１９９９年）所収。

—,Der Gedanke：eine logische Untersuchungen,in：Beiträge　zur　Philosophie des deutschen Idealismus,1918,SS..58-77.（Kleine Schriften,G.Olms,Hildeheim,1967.）『思想 - 論理研究』、『フレーゲ著作集』４（野本和幸訳、勁草書房、１９９９年）所収。

—,Rezension von E.Husserl, Philosophie der Arithmetik, Ⅰ(1894).in Kleine G.Olms,Hildeheim,1990.SS..179 - 192.

Fϕllesdal,Dagfinn（フェレスダール）,Husserl's Notion of Noema,in:Husserl's intentionality and Cognitive

Science, The Journal of Philosophy,vol.66.,1969.

—,Husserl und Frege:Ein Beitrag zur Beleuchtung der Entstehung der phänomenologischen Philosophie,Ashehoug,Oslo,1958.

Funke,Gerhard（フンケ）,Beantwortung der Frage,welchen Gegenstand die Philosophie habe oder gegenstandslos sei, Jahannes Gutenberg,Mainz,1965.

Gadamer,Hans-Georg（ガダマー）,Die phänomenologische Bewegung,in:Philosophische Rundschau11,1963,SS.1-45.

Gibson,James.J.（ギブソン）,The perception of the visual world,Houghton Mifflin,Boston,1950.

Grice,H.P.（グライス）,Logic and Conversation,in：Syntax and semantics, ed.by Cole, P. and Morgan, J.L.volumes 3.Academic Press,1975.(もともと、論稿 'Logic and Conversation' は、１９６７年に、ハーバード大学での講演として公表された。)『論理と会話』、清塚邦彦訳（抄訳）、勁草書房、１９９８年。

Guattari,Félix(ガタリ）,La révolution moléculaire,Recheches,Paris,1977.『分子革命』、杉村昌昭訳、法政大学出版局、１９８８年。

—,L'inconscient machinique, Recheches, Paris,1979.『機械（マシン）状無意識』、高岡幸一訳、法政大学出版局、

１９９０年。

—,Cartographies schizoanalytiques,Galilée, Paris,1989.『分裂（スキゾ）分析的地図作成法』、宇波彰・吉沢順訳、紀伊國屋書店、１９９８年。

—,Chaosmose,Glilée, Paris,1992.『カオスモーズ』、宮原寛・小沢秋広訳、河出書房新社、２００４年。

Hamauzu,Shinji(浜渦辰二).『フッサール間主観性の現象学』、創文社、１９９５年。

—,「フッサールにおける自然と精神—『イデーンⅡ』から『自然と精神』へ—」、『静岡大学人文論集』第５３号-１（２００２年）所収。

—,『可能性としての現象学　他者と生きるために』、晃洋書房、２０１８年。

HeldKlaus（ヘルト）,Das Problem der Intersubjektivität und die Idee einer phänomenologischen Transzendentalphilosophiein Perspektiven tanszendental-phänomenologicher Forshung,Landgrebe,Ludwig, zum 70.Geburtstag,Martinus Nijhoff,Den Haag,1972.

Henry,Michel（アンリ）,Phénoménologie matérielle,Presses Universitaires de France,Paris,1990.『実質的現象学』、中敬夫・野村直正・吉永和加訳、法政大学出版局、２０００年。

Hiromatsu,Wataru(廣松渉).『フッサール現象学への視角』、青土社、１９９４年。

―、『存在と意味』（１）・（２）、岩波書店、１９８２・１９９３年。

―、『哲学の越境―行為論の領野へ』、勁草書房、１９９２年。

―、『対論知のアクチュアリテート』、情況出版、１９９５年。

―、『社会的行為論』、岩波書店、１９９７年。

Holenstein,Elmar(ホーレンシュタイン),Von der Hintergehbarkeit der Sprache,Suhrkamp,Frankfurt a. M.,1980.『認知と言語』、村田純一・柴田正良・佐藤康邦・谷徹訳、産業図書、１９８４年。

Höffe,Otfried(ヘッフェ),Ist die transzendentale Vernunftkritik in der Sprachphilosophie aufghoben?,in:Philosophisches Jahrbuch 91,Jahrgang 2, Halbband,1984.『超越論的理性批判は言語哲学のなかで止揚されたのか』、北尾宏之訳、『理想』634・635号、１９８７年。

Inagaki,Satoshi(稲垣諭),『衝動の現象学』、知泉書房、２００７年。

Katz,David（カッツ）,Gestaltpsychologie,Schwabe & Co.Basel,1942.『ゲシュタルト心理学』、武政太郎・浅見千鶴子訳、新書館、１９６２年。

Koffka,Kurt（コフカ）,Principles of Gestalt Psychology,Routledge & Kegan Paul,London,1935.『ゲシュタル

ト心理学の原理』、鈴木正彌訳、福村書店、１９８８年。

Kadowaki,Shunsuke（門脇俊介）.『理由の空間の現象学：表象的志向性批判』、創文社、２００２年。

Kern,Iso（ケルン）,Edmund Husserl:Darstellung seines Denkens〔前出。Vgl.Bernet〕.

Kida,Gen（木田元）.『現象学』、岩波書店（岩波新書）、１９７０年。

―.『ハイデガー』、岩波書店、１９８３年。

―.『メルロ・ポンティの思想』、岩波書店、１９８４年。

―.『哲学と反哲学』、岩波書店、１９９０年。

―.『ハイデガーの思想』、岩波書店（岩波新書）、１９９３年。

Koizumi,Yosiyuki（小泉義之）.『レヴィナス』、ＮＨＫ出版、２００３年。

Lee,Nam-In（リー）,Edmund Husserls Phänomenologie der Instinkte,Kluwer,Dordrecht,1993.『本能の現象学』、中村拓也訳、晃洋書房、２０１７年。

Lipps,Theodor.（リップス）,Münchener Philosophische Abhandlungen,Barth,Leipzig,1911.

Lohmann,Johannes（ローマン）,Philosophie und Sprachwissenschaft, Duncker & Humblot, Berlin,1965.

Lohmar,Dieter（ローマー）,The Role of Lifeworld in Husserl's Critique of Idealizations,in Phenomenology, Interpretation,and Community,ed.by Langdorf,State University of New York press, New York ,1996.

Luckmann,Thomas（リュックマン）,The Invisible Religion：The Problem of Religion in Modern Society. The Macmillan Company,New York.1967.『見えない宗教』、赤池憲昭・ヤン・スィンゲドー訳、ヨルダン社、１９７６年。

—,Life-World and Social Realities. Heinemann Educational Books,London,1983.『現象学と宗教社会学：続・見えない宗教』、デイヴィッド・リード・星川啓慈・山中弘訳、ヨルダン社、１９８９年。

Marbach,Eduard（マールバッハ）,Das Problem des Ich in Phänomenologie Husserls,Martinus Nijhoff, Den Haag,1974.

McDowell,John,Henry（マクダウエル）,Meaning Knowledge and Reality,Harvard University Press,Cambridge,Mass.,1998.

Mead,George,Herbert（ミード）,The Social Self,in Selected Writings,The Bobbs-Merrill,Indianapolis,1964.

—,Mind,Self,and Society,ed. and with an Introduction by Morris,Ch.W.,The University of Chicago University,Chicago,1934.『精神・自我・社会』、稲葉三千男他訳、青木書店、１９７３年。

—,The Philosophy of the Act.The University of Chicago Press,Chicago,1938.

Misch,Georg（ミッシュ）, Lebensphilosophie und Phänomenologie,F.Cohen,Bonn,1930.

Miyahara,Isamu(宮原勇）,『ディアロゴスの現象学』、晃洋書房、１９９８年。

Mohanty,Jitendra,Nath(モハンティ）, Husserl und Frege,Indiana University Press,Indiana,1982.『フッサールとフレーゲ』、貫成人訳、勁草書房、１９９１年。

—,Edmund Husserl's Theory of Meaning, Martinus Nijihoff,Den Hague,1976.

—,The Possibility of transzendental Philosophy, Martinus Nijihoff, Dordrecht,1985.

Murata,Junichi(村田純一）,『知覚と生活世界』、東京大学出版会、１９９５年。

Nitta,Yoshihiro（新田義弘）,『現象学とは何か：フッサールの後期思想を中心として』、紀伊国屋書店、１９６９年。

—,『現象学』、岩波書店、１９７８年。

—,『媒体性の現象学』、青土社、２００２年。

Noe,Keiichi（野家啓一）,『無根拠からの出発』、勁草書房、１９９３年。

—,『言語行為の現象学』、勁草書房、１９９３年。

Noya,Shigeki（野矢茂樹）,『心と他者』、勁草書房、１９９５年。

Nuki,Shigeto（貫成人）,『経験の構造』、勁草書房、２００３年。

—,『歴史の哲学：物語を越えて』、勁草書房、２０１０年。

Peirce,Charles,Sanders（パース）,Questions Concerning Certain Faculties Claimed for Man, Some Consequences of Four Incapacities, in：Journal of Speculative Philosophy,1868.

—,Studies in Logic,1883.in：Collected Papers of Charles Sanders Peirce.Vol. V ,Harvard University Press,1935. Paragraph num.432, paragraph num.453．『パース著作集３「形而上学」』（遠藤弘訳、勁草書房、１９８６年。）所収。

Putnam,Hilary（パットナム）,Reason,truth and history,Cambridge University Press, Cambridge, 1981. 『理性・真理・歴史：内在的実在論の展開』、野本和幸他訳、法政大学出版局、１９９４年。

—,Realism and reason,Cambridge University Press,Cambridge,1992.『実在論と理性』、飯田隆他訳（抄訳）、

勁草書房、１９９２年。

Quine,Willard,Van,Orman（クワイン）,Word and Object,The M.I.T.Press,Cambridge Mass.,1960.『ことばと対象』、大出晁・宮館恵訳、勁草書房、１９８４年。

Ricoeur ,Paul（リクール）,Temps et Récit. Ⅰ,Ⅱ,Ⅲ,Seuil,Paris,1983,1984,1985.『時間と物語』Ⅰ・Ⅱ・Ⅲ、米博訳、新曜社、１９８７・１９８８・１９９０年。

Rorty, Richard（ローティ）,Philosophy and the Mirror of Nature.Princeton University Press,Princeton,1979.『哲学と自然の鏡』、野家啓一監訳、伊藤春樹・須藤訓任・野家伸也・柴田正良訳、産業図書、１９９３年。

Russell,Bertrand（ラッセル）,An inquiry into meaning and truth,G.Allen and Unwin,London,1940.『意味と真偽性：言語哲学的研究』、毛利可信訳、文化評論出版、１９７２年。

—,A Critical Exposition of the Pnilosophy of Leipniz,Cambridge University Press, Cambridge,1900.

Saito,Yoshimichi（斎藤慶典）,『思考の臨界』、勁草書房、２０００年。

Scheler,Max（シェーラー）,Der Formalismus in der Ethik und die materiale Wertethik,Max

Niemeyer,Halle,1921.『倫理学における形式主義と実質的価値倫理学』（上）・（中）・（下）、吉沢伝三郎・岡田紀子・小倉志祥訳、白水社、１９７６・１９７６・１９８０年。

Schmitt,Carl（シュミット）．Politische Romantik,Duncker & Humbolt,München,1919.『政治的ロマン主義』、橋川文三訳、未来社、１９８２年。

—,Verfassungslehre, Duncker & Humbolt,München,1928.『憲法論』、阿部照哉・村上義弘訳、みすず書房、１９７４年。

—,Politische Theologie. Duncker & Humbolt,München,1922.『政治神学』、田中浩・原田武雄訳、未来社、１９７１年。

Schutz,Alfred（シュッツ）,Type and Eidos in Husserl‐s Late Philosophy.in: Schutz,Alfred,Gesammelte Aufsätze Ⅲ：Studien zur phänomenologischen Philosophie. Martinus Nijhoff,Den Haag,1966.『フッサール後期哲学における類型と形相』、『アルフレッド・シュッツ著作集第４巻　現象学的哲学の探究』所収、渡部光・那須壽・西原和久訳、マルジュ社、１９９８年。

—,Das Problem der transzendentalen Intersubjektivität bei Husserl.Philosophische Rund schau,Vol. Ⅴ,1957. Schutz,Alfred,Gesammelte Aufsätze Ⅲ：Studien zur phänomenologischen Philosophie, Martinus Nijhoff,Den Haag,1971. に所収されている。『フッサールにおける超越論的相互主観性の問題』、『アルフレッド・シュッツ著作集 第４巻 現象学的哲学の研究』所収、渡部光・那須壽・西原和久訳、マルジュ社、１９９８年。

―,Der sinnhafte Aufbau der sozialen Welt,J.Springer,Wien,1932.
『社会的世界の意味構成』、佐藤嘉一訳、木鐸社、１９８２年。

Searle,John（サール）,
―,Speech Acts,an Essay in the Philosophy of Language,Cambridge Univ.Press, Cambridge 1969.『言語行為』、坂本百大・土屋俊訳、勁草書房、１９８６年。
―,Intentionality:An Essay in the Philosophy of Mind.Cambridge Univ.Press,Cambridge,1983.『志向性』、坂本百大監訳、誠信書房、１９９７年。

Simmel,Georg（ジンメル）,Grundfragen der Soziologie：Individuum und Gesellschaft, Sammlung Göschen, Berlin und Leipzig,1917.『社会学の根本問題:個人と社会』、清水幾太郎訳、岩波書店（岩波文庫）、１９７９年。居安正訳、世界思想社、２００４年。

Strawson,Peter,Frederick（ストローソン）,Individuals,Methuen,London,1959.『個体と主語』、中村秀吉訳、みすず書房、１９７８年。

Ströker,Elisabeth(ストレーカー),Zeit und Geschichte in Husserls Phänomenologie,in Phänomenologische Studien,V.Klostermann,Frankfurt a.M.,1987.

Tajima,Setsuo（田島節夫）,『フッサール』、講談社、１９８１年。

―,『現象学と記号論』、世界書院、１９８８年。

Takahashi,Junichi（高橋順一）,『越境する思考』、青弓社、１９８７年。

Takahashi,Tetsuya(高橋哲哉),『記憶のエチカ：戦争・哲学・アウシュヴィッツ』、岩波書店、１９９５年。

―,『戦後責任論』、講談社、１９９９年。

Tani,Toru(谷徹),『意識の自然』、勁草書房、１９９８年。

―,『これが現象学だ』、講談社、２００２年。

Tatematsu,Hirotaka(立松弘孝),『現象学とは何か』、『現象学・情況増刊号』、情況出版、１９７５年。

Theunissen,Michael(トイニッセン),Der Andere,de Gruyter,Berlin,1977.『他者』、鷲田清一抄訳、前掲『現象学の根本問題』所収。

Tugendhat,Ernst（トゥーゲントハット）,Der Wahrheitsbegriff bei Husserl und Heidegger,W .de Gruyter.

Berlin,1970.

Waldenfels,Bernhard（ヴァルデンフェルス）,Der Spielraum des Verhaltens,Suhrkamp,Frankfurt a.M.,1980,『行動の空間』、新田義弘・千田義光・山口一郎・村田純一・杉田正樹・鷲田清一訳、白水社、１９８７年。

—,,Das Zwischenreich des Dialogs:Sozialphilosophische Untersuchungen in Anscluss an Edmund Hsserl,Martinus Nijhoff,Den Haag,1971.抄訳『対話の中間領域』、山口一郎訳、『現象学の展望』(国文社、１９８６年)所収。

—,,In der Netzen des Lebenswelt,Suhrkamp,Frankfurt a.M.,1985.

—,Leibliche Selbst, Suhrkamp,Frankfurt a.M.,2000.『講義・身体の現象学』、山口一郎・鷲田清一監訳、知泉書館、２００４年。

—,Bruchlinien der Erfahrung, Suhrkamp,Frankfurt a.M.,2002.『経験の裂け目』、山口一郎監訳、知泉書館、２００９年。

Washida,Kiyokazu(鷲田清一),『現象学と〈規範〉の問題』、『現象学と倫理学』（日本倫理学会編、慶応通信、１９９２年）所収。

—,『分散する理性』、勁草書房、１９８９年。

Watanabe,Jiro(渡辺二郎),『ハイデガーの実存思想』、勁草書房、１９６２年。

—,『ハイデガーの存在思想』、勁草書房、１９６２年。

―、『構造と解釈』、筑摩書房、１９９４年。

Weizsäcker,Viktor von（ヴァイツゼッカー）,Der Gestaltkreis:Theorie der Einheit von Wahrnehmen und Bewegen,Georg　Thieme Verlag,Stuttgart,1940.『ゲシュタルトクライス：知覚と運動の一元論』、木村敏・浜中淑彦訳、みすず書房、１９７５年。

White,Hayden,V.（ホワイト）,Metahistory：The Historical Imagination in Nineteenth-Century Europe,The John Hopkins University Press,Baltimore and London,1973.

Yamagata,Yorihiro（山形頼洋）,『感情の自然』、法政大学出版局、１９９３年。

Yamaguchi,Ichiro（山口一郎）,『他者経験の現象学』、国文社、１９８５年。

―、『現象学ことはじめ（改訂版）』、日本評論社、２０１２年。

―、『存在から生成へ』、知泉書館、２００５年。

―、『人生を生かす倫理』、知泉書館、２００８年。

―、『感覚の記憶』、知泉書館、２０１１年。

Zahavi,Dan（ザハヴィ）,Husserl's phenomenology,Stanford Univesity Press,2003.『フッサールの現象学』、

工藤和男・中村拓也訳、晃洋書房、２００３年。
—,Husserl und die transzendentale Intersubjektivität:eine Antwort auf die sprachpragmatische Kritik,Kluwer ,Boston,1995.

人名索引

事項索引

［著者］

金子淳人（かねこ　あつひと）

専修大学文学部兼任講師（生田校舎教養教育哲学系担当、神田校舎教養教育倫理学系担当）早稲田大学大学院文学研究科博士後期課程（哲学）満了退学（２００５年）
著作　『現象学の基底』（世界書院刊）、『現象学の展開』（世界書院刊）

現象学の再生――「生」と、「普遍性」の立場――Die Regeneration der Phänomenologie —„Leben“ und der Standpunkt der „Universalität“—

2018 年 9 月 29 日　第 1 刷発行

著　者　　金子淳人
発行人　　中澤教輔
発行所　　株式会社世界書院
〒 101-0051　東京都千代田区神保町 3-11-1-502
電話　03-5213-3345　FAX　03-5213-3239
ホームページ　http://sekai-shyoin.com
印刷・製本　中央精版印刷

ISBN978-4-7927-9577-1
C3010

〈金子淳人の既刊〉

現象学の基底——「客観性」とは何か

Die Basis der Phänomenologie - Was ist „Objektivität" -

4600円＋税

現象学の展開——「言語行為」と〝事実〟

Die Entwicklung der Phänomenologie - „Sprachhandlung" und 〈Fact〉 -

6000円＋税

世界書院